自然-社会因素对区域生态系统服务的影响及驱动机制研究

黄 莹 周 波 / 著

图书在版编目（CIP）数据

自然-社会因素对区域生态系统服务的影响及驱动机制研究 / 黄莹，周波著. -- 成都：四川大学出版社，2025.6. --（资源与环境研究丛书）. -- ISBN 978-7-5690-7869-5

Ⅰ．Q147

中国国家版本馆 CIP 数据核字第 2025U8P440 号

| 书　　名：自然-社会因素对区域生态系统服务的影响及驱动机制研究
Ziran-Shehui Yinsu dui Quyu Shengtai Xitong Fuwu de Yingxiang ji Qudong Jizhi Yanjiu
著　　者：黄　莹　周　波
丛 书 名：资源与环境研究丛书

丛书策划：庞国伟　蒋　玙
选题策划：张建全　王　睿
责任编辑：周维彬
责任校对：王　锋
装帧设计：墨创文化
责任印制：李金兰

出版发行：四川大学出版社有限责任公司
　　　　　地　址：成都市一环路南一段 24 号（610065）
　　　　　电　话：（028）85408311（发行部）、85400276（总编室）
　　　　　电子邮箱：scupress@vip.163.com
　　　　　网　址：https://press.scu.edu.cn
印前制作：四川胜翔数码印务设计有限公司
印刷装订：四川省平轩印务有限公司

成品尺寸：170 mm×240 mm
印　　张：11
字　　数：211 千字

版　　次：2025 年 8 月 第 1 版
印　　次：2025 年 8 月 第 1 次印刷
定　　价：88.00 元

本社图书如有印装质量问题，请联系发行部调换

版权所有 ◆ 侵权必究

扫码获取数字资源

四川大学出版社
微信公众号

前　言

生态系统服务，是指人们采取直接或者间接的手段从生态系统中获得的各种福祉与惠益。驱动因素与生态系统服务之间的关系，特别是在高空间异质性区域，呈现出动态化、复杂化的特点。探究驱动因素对区域生态系统服务的影响及其驱动机制，可以进一步明晰二者之间的关系，对于维持生态系统服务供给、促进区域人居环境的可持续发展具有十分重要的理论价值和现实意义。

然而，当前关于驱动因素对生态系统服务的影响研究多着眼于探讨二者之间"一对一"或"多对一"的统计学关系，忽视了对多种生态系统服务共同驱动因素的综合考量，且较少研究时空变化背景下生态系统服务驱动机制的变化特征与规律，难以支持基于生态系统服务供给水平的管理模式。

本书以四川省为例，基于遥感影像、社会经济资料、实地调研、InVEST模型和地学空间分析技术等，开展了对区域生态系统服务时空变化的研究，探讨了自然与社会因素对区域生态系统服务影响的空间分异特征，分析了自然与社会因素对区域生态系统服务的驱动机制及其变化过程，并提出了四川省区域环境保护和生态系统管理的对策和建议。

本书共七章。第1章为绪论，介绍了研究背景、拟解决的核心问题、研究目的与意义、研究内容、研究方法与技术路线，以及相关概念界定等；第2章为国内外研究现状，对生态系统服务、驱动因素对生态系统服务的影响、生态系统服务的驱动机制作了较为系统的阐释；第3章为研究区概况与基础数据，介绍了研究区概况、基础数据来源与处理；第4章为区域生态系统服务时空变化研究，主要介绍了生态系统服务的量化评估方法，分析了四川省生态系统服务的时序变化特征及空间分布特征；第5章为自然与社会因素对区域生态系统服务的影响研究，主要介绍了驱动因素的筛选与处理、生态系统服务综合指数量化评估与分析方法，构建了自然与社会因素对区域生态系统服务影响分析的回归模型，分析了生态系统服务综合指数的时序变化特征、空间聚集特征及空间分布特征，以及自然与社会因素对四川省生态系统服务影响程度的空间集聚特征及空间分异特征；第6章为自然与社会因素对区域生态系统服务的驱动机制研究，主要介绍了生态系统服务驱动机制的概念模型，探究了自然与社会因素对四川省生态系统服务综合指数的驱动机制，总结了其变化特征与规律；第7章为结论与展望。

本书由黄莹统稿，第1~6章由黄莹撰写，第7章由周波撰写。在本书的撰写过程中，干晓宇、石杨、冯田等给出了许多有益的建议，魏新娜等学生参与了实地调研、数据收集、数据分析等工作。同时还得到了四川大学出版社编辑们的大力支持和帮助，笔者在此表示衷心的感谢。

本书的出版得到了四川省科技厅重点研发项目"成渝地区城镇化与生态环境近远程耦合关系研究"（2023YFS0368）和四川省自然科学基金青年基金项目："元耦合"视角下城镇化与生态环境耦合机制研究（2024NSFSC1233）以及成都大学中国－东盟艺术学院学科科研成果资助项目的基金资助。在城镇化速度加快的背景下，人地耦合研究是未来10年地球系统科学研究与可持续性科学研究的热点与前沿领域。书中内容为区域生态环境量化评估提供了指标参考，为探究多尺度视角下的成渝地区城镇化与生态环境耦合关系提供了理论依据和方法支撑。

本书可供从事综合自然地理学、生态系统服务和环境规划与管理的科研、技术人员和政府机构管理人员参考，也可作为高等院校与研究所相关专业的研究生阅读与参考用书。

由于作者水平有限，书中难免存在错误和不妥之处，恳请读者和同行专家批评指正。

著 者
2024年7月

目　录

1 绪论 …………………………………………………………（1）
　1.1 选题依据 …………………………………………………（1）
　1.2 拟解决的核心问题 ………………………………………（5）
　1.3 研究目的与意义 …………………………………………（6）
　1.4 研究内容 …………………………………………………（7）
　1.5 研究方法与技术路线 ……………………………………（8）
　1.6 相关概念界定 ……………………………………………（11）

2 国内外研究现状 ……………………………………………（16）
　2.1 生态系统服务 ……………………………………………（16）
　2.2 驱动因素对生态系统服务的影响研究 …………………（26）
　2.3 生态系统服务的驱动机制研究 …………………………（37）
　2.4 研究评述 …………………………………………………（40）

3 研究区概况与基础数据 ……………………………………（41）
　3.1 研究区概况 ………………………………………………（41）
　3.2 基础数据来源与处理 ……………………………………（44）

4 区域生态系统服务时空变化研究 …………………………（54）
　4.1 生态系统服务的量化评估方法 …………………………（54）
　4.2 四川省生态系统服务时序变化特征 ……………………（65）
　4.3 四川省生态系统服务空间分布特征 ……………………（72）
　4.4 本章小结 …………………………………………………（84）

5 自然与社会因素对区域生态系统服务的影响研究 ……………（86）
- 5.1 驱动因素的筛选与处理 ……………………………………（86）
- 5.2 生态系统服务综合指数量化评估与分析 …………………（88）
- 5.3 自然与社会因素对区域生态系统服务的影响分析 ………（89）
- 5.4 四川省驱动因素筛选结果 …………………………………（91）
- 5.5 四川省生态系统服务综合指数量化评估结果 ……………（93）
- 5.6 自然与社会因素对四川省生态系统服务的影响 …………（97）
- 5.7 本章小结 ……………………………………………………（112）

6 自然与社会因素对区域生态系统服务的驱动机制研究 ………（115）
- 6.1 生态系统服务驱动机制的概念模型 ………………………（115）
- 6.2 典型相关性分析 ……………………………………………（119）
- 6.3 自然与社会因素对四川省生态系统服务的驱动机制 ……（120）
- 6.4 四川省生态系统服务驱动机制的变化过程分析 …………（130）
- 6.5 四川省生态系统管理优化建议 ……………………………（132）
- 6.6 本章小结 ……………………………………………………（136）

7 结论与展望 ………………………………………………………（139）
- 7.1 结论 …………………………………………………………（139）
- 7.2 展望 …………………………………………………………（141）

参考文献 ……………………………………………………………（143）

1 绪论

1.1 选题依据

1.1.1 生态系统服务是人居环境可持续发展的重要前提与保障

1987年，联合国世界环境与发展委员会（World Commission on Environment and Development，WCED）发布了《我们共同的未来》报告，首次向国际社会提出了"可持续发展（Sustainable Development）"的概念，并将其定义为既满足当代人的需求，又不损害后代人满足其自身需求的发展。可持续发展概念的提出，体现了人类已经开始重视自身的生存环境以及对社会经济发展代价的反思。

2015年，在联合国可持续发展峰会上，193个成员国一致通过题为"改变我们的世界：2030年可持续发展议程"的决议，共同勾勒了结束全球贫困、为所有人构建尊严生活且不让一个人掉队的历史性蓝图。该协议提出了17项综合的、不可分割的可持续发展目标（Sustainable Development Goals，SDGs），以及169项具体目标，涵盖了社会、经济和环境三个方面。其中，第11项可持续发展目标——"建设包容、安全、有抵御灾害能力和可持续的城市和人类住区"，明确提出了与人居环境可持续相关的发展目标。由此可见，优化人居环境，营造理想的聚居环境已成为当前全人类的共同愿景。

20世纪50年代，Doxiadis在Ebenezer Howard的"田园城市"（Garden City）理论和Patrick Geddes倡导的人居环境区域概念的基础上，首次提出了"人类聚居学"（Ekistics）理论，并认为人居环境是人类为满足自身发展所需而对地域空间做出的各种布置与安排。随后，吴良镛根据该理论，结合中国自身特色，提出了"人居环境"（Human Settlements）的概念，即所有人类聚落及环境的集合，是与人类自身的生存与发展具有密切联系的地表物理空间。吴良镛先生提出的人居环境有"五大系统"，即自然系统、人类系统、社会系统、居住系统以及支撑系统。其中，自然系统是人居环境的基础。

作为联系自然环境与人类社会的桥梁和纽带，自20世纪80年代正式提出生态系统服务（Ecosystem Service）概念后的短短几十年时间里，生态系统服务已经逐渐成为生态学、地理学、环境科学、经济学、管理学等多个领域的研究前沿和研究热点，受到了国内外众多专家、学者、研究机构和政府部门的广泛关注。生态系统服务是指人们采取直接或者间接的手段从生态系统中获得的一切福祉与惠益。根据联合国千年生态系统评估（Millennium Ecosystem Assessment，MEA）提出的分类体系，生态系统服务具体包括调节服务（如大气调节、水文调节、干扰调节、净化水质等）、供给服务（如食品、纤维、燃料、淡水等）、文化服务（如地方归属感、宗教信仰、休闲游憩等）和支持服务（如第一性生产、产氧、营养循环、土壤形成等）四大类型。从生态系统服务的分类体系可以看出，生态系统不但可以为人们的生活和发展提供必要的物质资源，如淡水、食品、生存原料等，更重要的是，它在维持生物多样性、保持水土、调节洪涝、有害生物控制等方面发挥着不可替代的作用，为人类社会的生存与发展提供了最基本的生存环境。因此，从这一角度来看，生态系统服务与人类社会、可持续发展关系密切，是人居环境可持续发展的重要前提与保障。

1.1.2 维持区域生态系统服务可持续供给是四川省面临的严峻课题

生态文明理论是中国特色社会主义实践过程中，为解决经济发展与生态环境保护之间的矛盾，开创并不断发展的具有中国特色的生态文明改良学说。在党的十七大报告中（2007年），首次将"生态文明"理念写进党的行动纲领，并提出了"建设生态文明，基本形成资源节约型和环境友好型社会"的具体要求。党的十八大报告（2012年）更是将"大力推进生态文明建设"作为一个独立章节进行系统阐述，并将生态文明建设与经济建设、政治建设、文化建设、社会建设一并纳入中国特色社会主义事业的总体布局中。在党的十九大报告中（2017年），不仅明确了解决中国生态文明问题的总体指导思想，而且还进一步提出了切实可行的具体措施。我国幅员辽阔，自然环境复杂多样，各省级行政区在自然、经济、文化等方面的差异十分明显，因此，省级行政区既是省域尺度可持续发展的空间依托,也是落实国家生态文明战略的重要行政单元。

四川省作为我国西部地区的重要省份,居于全国生态安全格局的关键区位。四川省地处青藏高原生态屏障和黄土高原—川滇生态屏障,是长江、黄河上游重要的水源补给区和涵养区,也是长江、黄河上游重要的生态屏障。此外,四川省还是全球36个生物多样性热点地区之一和世界珍贵物种基因库之一。特殊的地理位置和生态现状,决定了四川省在维护国家生态安全、推进国家生态文明建设中不可或缺的突出地位以及承担的重大责任。

改革开放尤其是20世纪后期以来,四川省工业化、城镇化持续快速发展,并呈现出高速度、高幅度的特点。根据《四川统计年鉴》,2000—2020年,四川省城镇化率由26.70%增长到56.73%,增长了30.03个百分点,年均增长1.50个百分点(图1.1)。

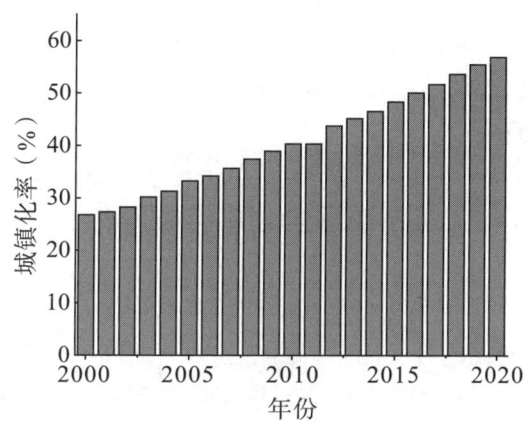

图1.1 2000—2020年四川省城镇化率

然而,工业化、城镇化进程的加速在带动全省社会经济迅速发展、人民生活质量提高的同时,也深刻地影响着区域生态系统的结构及过程,给区域生态系统带来前所未有的巨大冲击。大规模的城镇建设和工业开发活动导致区域生态系统的平衡和稳定被逐渐打破,出现了草原退化、水土流失、土地荒漠化等生态问题,进而削弱了区域生态系统为人类社会提供各种服务的能力,四川省可持续发展和生态文明建设面临严峻的威胁和挑战。同时,生态系统服务的退化甚至丧失不仅会对当地人类福祉产生严重影响,制约区域可持续发展,也可能会最终威胁到区域乃至国家的生态安全。例如,四川省川西地区的草原荒漠化和土地沙化干旱等问题会直接对长江、黄河上游的地表径流量造成威胁,不仅对下游的四川盆地和成都平原的水土保持和生态平衡产生巨大影响，而且有可能进一步影响到整个长江流域乃至全国的生态安全。

空间异质性是指各种生态系统要素和功能在空间分布上的不均匀性及复杂性。四川省空间异质性特征明显，省内不同区域之间在地形地貌、社会、经济等方面的差异十分显著，导致省内各区域在实际生态文明建设过程中所面临的具体问题和难点又有所不同。例如，最近几十年来，由于人类活动的干扰，过度采伐、过度放牧、过度开垦等不合理的生产方式导致川西地区生态系统愈发脆弱，出现了自然湿地面积萎缩、野生动植物栖息空间被压缩、天然草原退化沙化、水土流失加剧等一系列生态问题，区域生态系统服务的供给受到严重威胁。

在此背景下，如何对区域生态系统为人类提供的不可或缺的服务进行定量化评估，并基于高空间异质性特征下生态系统服务所呈现的状态与水平，识别四川省不同地区在实际生态文明建设过程中所面临的具体问题，加强区域生态系统管理，扭转当前区域生态系统不断退化的趋势，维持区域生态系统服务的可持续供给，筑牢长江黄河上游生态屏障，维护国家生态安全，是现阶段四川省面临的一项严峻课题。

1.1.3 驱动因素与生态系统服务之间存在复杂关系

生态系统服务及其时空变化受到多种因素的综合影响。驱动因素是指导致生态系统服务发生变化的各种因素。由于各因素之间存在非对称性、非线性的相互作用关系，使得驱动因素与生态系统服务之间的关系呈现出动态化、复杂化的特点。一方面，多种生态系统服务可能同时受到共同驱动因素的影响，例如，过度砍伐森林会直接降低森林生态系统自身具有的涵蓄土壤水分、补充地下水、调节河川流量、水土保持、生物多样性保护等能力，同时导致区域生物多样性锐减、地下水位下降、水土流失加剧等一系列生态问题。土壤过度侵蚀会引起水土流失，导致农业生产能力下降、诱发洪水等后果。另一方面，一种生态系统服务可能同时受到不同驱动因素的共同作用。例如，水电工程建设和过度放牧会同时导致天然湿地面积逐渐萎缩，湿地生态系统结构失稳，最终导致水源涵养服务供给水平的下降。

生态系统服务依赖于生态系统的结构和过程。实际上，气候变化、人类活动和管理措施等因素并不是直接作用于生态系统服务，而是通过改变区域生态系统的结构和过程，进而影响其功能，最终体现在生态系统服务供给水平的变化上。例如，土地利用变化可直接改变生态系统的类型，并通过影响生态系统中土壤水分、养分和土壤侵蚀等物质循环和能量流动的生态过程，进而对生态系统服务造成影响。地形因素控制着水热条件在中小尺度空间上的分配情况，影响实际植被分布、太阳辐射量、温度、土壤矿化速率等众多生态系统结构与过程，进而引起生态系统服务的供给与维持水平的变化。由此可见，各因素对生态系统服务的驱动机制涉及了生态系统结构、生态系统过程、生态系统功能等诸多生态学信息。

然而，当前驱动因素对生态系统服务的影响研究多着眼于探讨二者之间"一对一"或"多对一"的统计学关系，忽视了对多种生态系统服务共同驱动因素的综合考量，且缺乏对其中涉及的生态系统结构、生态系统过程、生态系统功能等诸多生态学信息的深入挖掘，无法反映时空变化背景下驱动因素对生态系统服务影响的变化特征与规律，难以支持基于生态系统服务供给水平的管理模式。鉴于此，揭示驱动因素对区域生态系统服务的影响及其变化过程，进一步明晰驱动因素与生态系统服务之间的复杂关系，可以为区域生态保护及生态系统管理提供重要的科学依据与决策参考，对维持区域生态系统服务可持续供给、落实国家生态文明建设、促进区域人居环境的可持续发展具有十分重要的理论依据和现实意义。

1.2　拟解决的核心问题

探究自然与社会因素对区域生态系统服务的影响及驱动机制，为区域生态系统管理提供理论支撑和对策建议，是本书拟解决的科学问题。具体涵盖以下三个核心问题：

（1）高空间异质性区域生态系统服务呈现出怎样的时空变化特征？

（2）自然与社会因素对区域多种生态系统服务的影响程度呈现出怎样的空间分异特征？

（3）自然与社会因素对区域生态系统服务的驱动机制呈现出怎么样的变化特征与规律？

1.3 研究目的与意义

1.3.1 研究目的

开展自然与社会因素对区域生态系统服务的影响及驱动机制研究，有以下几个主要研究目的：

（1）对四川省主要生态系统服务进行定量化评估，并揭示其时空变化特征，了解四川省主要生态系统服务的状态及其变化趋势。

（2）将自然与社会因素对生态系统服务综合指数的影响程度进行回归建模，明晰气候、地形、人类活动三类因素对四川省生态系统服务综合指数的影响程度及其空间分异特征。

（3）分析自然与社会因素对四川省生态系统服务综合指数的驱动机制，并探讨其变化特征及规律，为四川省不同区域的生态系统管理及可持续发展提供差异化的对策建议。

1.3.2 研究意义

1.3.2.1 理论意义

驱动因素与生态系统服务之间的关系是当前国内外生态系统服务研究的前沿领域，得到了学术界的广泛关注。本书采用生态系统服务综合指数来表征区域生态系统服务的整体供给能力，分析其时序变化特征，揭示其空间聚集特征及空间分布特征，能够为生态系统服务相关研究提供不同的视角和切入点。借助地理加权回归模型，对多种生态系统服务共同驱动因素进行综合分析，揭示自然与社会因素对区域多种生态系统服务的影响程度及其空间分异特征，是对驱动因素与生态系统服务之间复杂关系研究的进一步完善和拓展。本书以生态系统生态学、系统生态学基本理论为指导，借鉴生态系统服务级联框架，构建了生态系统服务驱动机制的概念模型，并以级联方式对各因素对生态系统服务的影响方式进行了图示化表达，展示了自然与社会因素与生态系统服务、生态系统服务综合指数之间的层级递进关系，实现了对生态系统结构、生态系统过程、生态系统功能等诸多生态学信息的有效整合,为探索驱动因素对生态系统服务的影响、生态系统服务驱动机制等相关研究提供重要的理论支撑。

1.3.2.2 现实意义

生态系统服务研究的重要目的是辅助自然资产管理与规划管理决策应用。目前,四川省仍处于工业化中后期加速发展阶段,虽然肩负着维护国家生态安全的重要使命,但城市化和工业化的快速发展给当地生态系统带来了较大的压力,导致生态环境愈发脆弱、区域生态问题日趋严峻。本书从生态系统服务时空变化特征、驱动因素对生态系统服务的影响及其空间分异特征、生态系统服务驱动机制及其变化特征与规律等方面展开系统研究,既有助于加深对四川省主要生态系统服务现状及其变化趋势的认识,也有助于当地自然资源的可持续开发与利用。本书揭示了现阶段四川省区域生态系统服务管理中存在的关键问题,并提出了相应的生态系统管理对策和建议,为四川省生态保护、生态系统管理和政策的制定提供理论依据和决策参考,对加强区域生态保护、保障生态系统服务持续供给、维护国家生态安全、实现人居环境可持续发展和生态文明建设具有重要的现实意义。

1.4 研究内容

本书的研究内容可分为以下三部分:

(1) 区域生态系统服务量化评估及时空变化分析。

以四川省作为研究区,以 2000—2020 年为研究时段,首先基于土地利用/覆被类型数据、气象数据、土壤数据、高程数据、归一化植被指数以及各类社会经济数据。其次综合运用 InVEST、RUSLE 等生态系统服务评估模型对水生产、土壤保持、净初级生产力、碳固持和生境质量五项生态系统服务进行定量化评估。最后,运用 Origin 和 ArcGIS 10.6 软件分别对五项生态系统服务的时序变化特征及空间分布特征进行分析。

(2) 自然与社会因素对区域生态系统服务综合指数的影响程度及空间分异特征分析。

首先,选择符合研究区特点的备选驱动因素,运用相关性分析和多重共线性检验对驱动因素进行筛选和标准化处理。其次,对四川省 2000 年、2005 年、2010 年、2015 年、2020 年生态系统服务综合指数进行计算,运用

Origin、Geoda 以及 ArcGIS 10.6 软件，分别对其时序变化特征、空间聚集特征、空间分布特征进行分析。再次，运用地理加权回归模型，对自然与社会驱动因素对四川省生态系统服务综合指数的影响进行回归建模。最后，运用 Geoda 和 ArcGIS 10.6 软件分别对各驱动因素对四川省生态系统服务影响程度的空间聚集特征、空间分异特征进行分析。

（3）自然与社会因素对区域生态系统服务综合指数驱动机制及其变化过程分析。

以生态系统生态学、系统生态学基本理论为指导，借鉴生态系统服务级联框架，构建自然与社会因素对生态系统服务综合指数驱动机制分析的概念模型；运用典型相关性分析识别 2000 年、2005 年、2010 年、2015 年、2020 年自然与社会因素与生态系统结构、过程因素间的关联关系，以确定不同因素与生态系统结构、过程因素间的潜在相关关系；结合概念模型和典型相关性分析结果，对 2000—2020 年自然与社会因素对四川省生态系统服务综合指数的驱动机制进行分析，并对其变化特征与规律进行归纳总结。在此基础上，提出对策及建议，以促进四川省的可持续发展。

1.5 研究方法与技术路线

1.5.1 研究方法

本书采用的具体研究方法有以下几种。

1.5.1.1 文献分析法

以中外文献检索平台为基础，广泛收集国内外研究者关于生态系统服务和生态系统服务驱动机制等方面的文献，并对其进行全面系统的梳理、归纳和总结分析，以掌握当前驱动因素对生态系统服务影响的研究现状及存在问题，旨在为本书的研究找到理论支撑和切入点。

1.5.1.2 理论与实证相结合的方法

基于对中外文文献的总结以及与研究内容相关理论的分析，以生态系统生态学、系统生态学基本理论为指导，构建自然与社会因素对区域生态系统服务、生态系统服务综合指数驱动机制分析的概念模型。同时，以四川省为研究区进行实证研究，分析2000—2020年自然与社会驱动因素对四川省生态系统服务综合指数的驱动机制，揭示其变化特征与规律，以期识别区域生态系统服务管理中存在的关键问题，为四川省的政策制定者提供理论支撑和决策参考。

1.5.1.3 空间数据分析方法

（1）空间数据分析工具。

运用ArcGIS 10.6软件对从各大公开数据平台上获取的基础数据进行预处理，进而获得基础数据的可视化空间分布图，具体涉及平台中的提取、转化、裁剪等工具。运用ArcGIS 10.6软件对生态系统服务、生态系统服务综合指数进行计算，并绘制其可视化空间分布图，具体涉及平台中的克里金插值计算、叠加分析、提取、栅格计算器等工具；运用Geoda软件对生态系统服务综合指数、驱动因素回归系数进行全局空间自相关分析，以及对生态系统服务综合指数和备选驱动因素进行二元变量空间自相关分析，以对备选驱动因素进行筛选。

（2）生态系统服务评估模型。

运用InVEST模型中的Carbon Storage and Sequestration模块、Habitat Quality模块、Sediment Delivery Ratio模块、Water Yield模块和Carnegie-Ames-Stanford Approach模型等生态系统服务评估模型对四川省主要的生态系统服务进行量化评估。

1.5.1.4 数理统计分析

运用Origin软件对四川省生态系统服务、生态系统服务综合指数的时序变化特征进行分析；运用多重共线性分析对备选驱动因素进行多重共线性检验，以排除备选驱动因素间信息重叠的可能；运用地理加权回归模型对驱动因素对四川省生态系统服务综合指数的影响程度进行分析；运用典型相关性分析，对驱动因素与生态结构、过程因素间的潜在关联关系进行识别。

1.5.2 技术路线

本书的技术路线如图1.2所示。

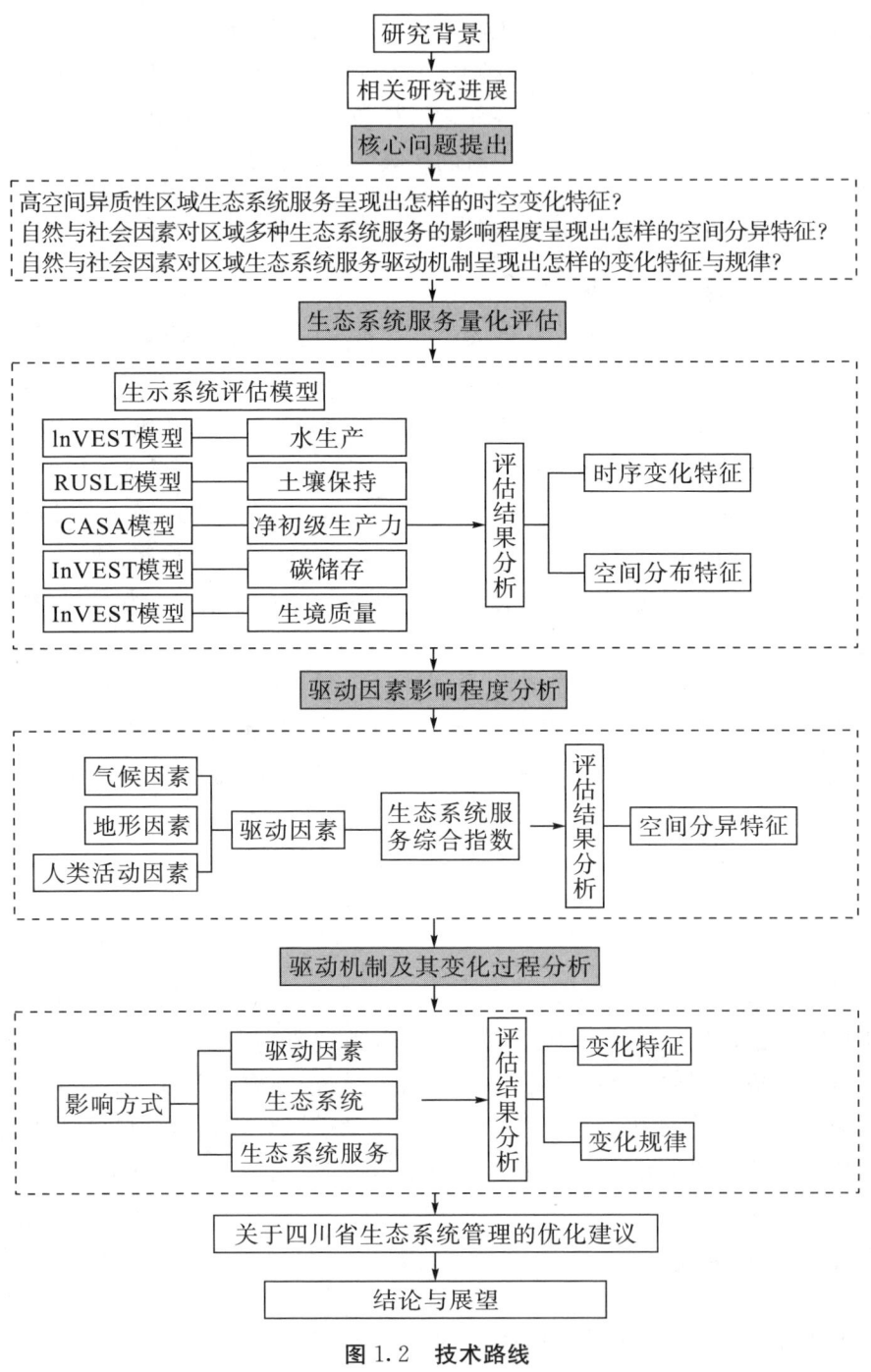

图1.2 技术路线

1.6 相关概念界定

1.6.1 生态系统

生态系统（Ecosystem）是生态学中最重要的概念之一，是自然界最重要的功能单位。生态系统的概念最早是由 Tansley 于 1935 年提出的。本书通过梳理既有研究认为，生态系统是指在一定的时间及空间范围内，由动物、植物、微生物群落以及无机环境相互联系、相互作用所构成的一个动态、复杂的功能单元。

生态系统的范围和大小并没有统一的规定，一片森林、一块草地，甚至一个金鱼缸都可以看作一个生态系统。它们之所以能构成一个生态系统，是因为其中既包含许多生物（动物、植物、微生物），又包含非生物物质与能量（如水、矿物质、有机物、空气及太阳能等）。不同学者对生态系统的定义见表 1.1。

表 1.1 不同学者对生态系统的定义

学者	定义
Tansley	生态系统表示一个完整的系统，系统中不仅包含复杂的有机体，还包括了形成环境的整个物理因素复合体
Odum	生态系统是在一定空间中共同栖居的所有生物及其环境之间由于不断进行物质循环和能量流动过程而形成的一个统一整体
Fosberg	生态系统是由一个或多个生物有机体与对其有影响的环境组成的有功能的相互作用的系统
林育真	生态系统是指在一定空间区域内生物群落与非生物环境之间通过不断地进行物质循环、能量流动和信息传递而形成的相关作用和相互依存的统一整体
林文雄	生态系统是一定时间和空间范围生物成分和非生物成分通过彼此间不断的物质循环、能量流动及信息传递而相互联系、相互影响、相互制约的生态系功能单元

生态系统有多种划分方式：①根据生态系统的生物成分，可以将生态系统分为植物生态系统、动物生态系统、微生物生态系统和人类生态系统；②根据不同的基质，可以将生态系统分为陆地生态系统和水域生态系统，其中，陆地

生态系统包括森林、草原、荒漠等生态系统，水域生态系统包括海洋和淡水生态系统；③根据人类对生态系统的影响程度，可以将生态系统分为自然生态系统、半自然生态系统和人工生态系统。

1.6.2 生态系统结构与过程

结构（Structure）是指组成整体的各个部分的搭配和安排。本书通过梳理既有研究认为，生态系统结构（Ecosystem Structure）是指生态系统内部各要素之间的组成方式。生态系统结构是生态系统存在与发育的基础。一般来说，生态系统结构越复杂，生态系统具有越强的稳定性。

过程（Process）是为达到一定的结果而发生的一系列事件、反应和作用。本书通过梳理既有研究认为，生态系统过程（Ecosystem Process）是指构成生态系统的生物及非生物因素为达到一定的结果（物质、能量和信息的传输）而发生的一系列复杂的相互作用。

生态系统结构和生态系统过程之间的区别在于，生态系统结构往往是可以采用数量进行量化描述，且具有实体形态的；而生态系统过程通常是难以进行量化描述，且通常为抽象化的无形状态或事件。

1.6.3 生态系统功能

功能（Function）是指事物或方法所发挥的作用或效果。本书通过梳理既有研究认为，生态系统功能（Ecosystem Function）是指生态系统内部各要素间相互作用所体现的各种功效。不同机构和学者对生态系统功能的定义见表1.2。

表1.2 不同机构和学者对生态系统功能的定义

机构和学者	定义
MEA	生态系统功能是指生态系统所体现的各种功效和作用
林育真	生态系统功能是指系统内各要素相互联系、作用的方式
戈峰	生态系统功能是指自然生态系统及其组成产生的对人类生存和发展有支持作用的状况和过程
戴君虎	生态系统功能是指生态系统维持自身内在特征和完整所体现的一系列物质、能量和信息的循环过程
Odum	生态系统功能是指生态系统的不同生境、生物学及其系统性质或过程

1.6.4 生态系统服务

生态系统服务（Ecosystem Service）的概念是由 Ehrlich 等于 1981 年提出的。在生态系统服务理论及其相关研究不断推进的发展过程中，许多知名的专家、学者以及研究机构都曾对生态系统服务的概念及内涵进行过阐释和分析。但由于不同领域的研究背景、目标以及研究内容不同，生态系统服务定义的角度和方式也不尽相同（表 1.3）。

表 1.3　不同机构和学者对生态系统服务的定义

机构和学者	定义
MEA	生态系统服务是指人们从自然系统（或生态系统）获取的收益
Ehrlich 等	生态系统服务是指生态系统对人类社会生存与发展产生的影响
Daily 等	生态系统服务是指自然生态系统及其物种所提供的能够满足和维持人类生活需要的条件和过程
Groot 等	生态系统服务是指生态系统为人类直接或间接提供服务的能力
Costanza 等	生态系统服务是指人类直接或间接从生态系统功能中获取的各种益处
Wallace	生态系统服务是指人类从生态系统中获得的效益
Fisher 等	生态系统服务是指生态系统以不同的方式与形式为人类提供各种益处
Boyd 等	生态系统服务是指生态系统中能够直接被消费的生态组分
欧阳志云等	生态系统服务是指生态系统与生态过程所形成及所维持的人类赖以生存的自然环境条件与效用
张志强等	生态系统服务是指生态系统以不同的形式为人类提供各种利益
谢高地等	生态系统服务是指通过生态系统的功能直接或间接得到的产品和服务

总的来说，尽管不同机构和学者对生态系统服务的定义在表达上存在一定的差异，但在其内涵上已经达成共识，即生态系统服务是以生态系统作为基本的物质条件，而以生态系统结构与过程作为产生的必要条件；生态系统服务满足人类需求并为人类福祉做出贡献，是人类社会生存与发展的重要基石。但不同学者对生态系统服务具体实体的认知上存在差异，有的属于完全自然范畴，也有的属于人类价值取向范畴。参考已有研究成果，本书选择国际上认可度较高、应用范围最为广泛的由联合国千年生态系统评估提出的生态系统服务概念，即生态系统服务是指人们从生态系统获取的收益。

生态系统功能和生态系统服务之间的区别在于，虽然二者都是对生态系统所具有"能力"（capacity）的体现，但生态系统功能侧重于反映生态系统的自然属性，强调"生态系统本身具有的能力"，是抽象而不可测的；而生态系统服务是基于人类的需要、利用和偏好，强调生态系统功能中"对人类有益"的部分，属于生态系统的社会属性，是具体且可估测的。

综上，生态系统结构、过程、功能与生态系统服务之间的关系如图1.3所示。

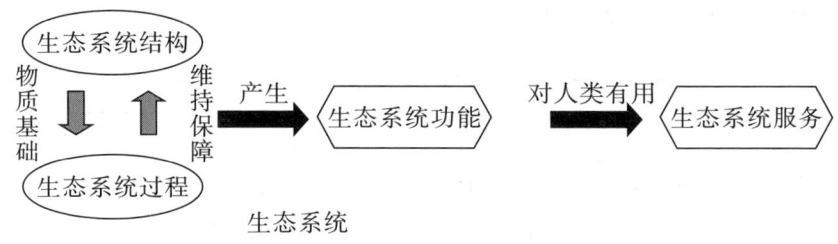

图1.3 生态系统结构、过程、功能与生态系统服务的关系简图

（1）生态系统是由生态系统结构、过程、功能构成的一个有机的统一体，这是生态系统服务得以产生的一个物质条件。

（2）生态系统结构和过程是生态系统服务产生的必要条件，当生态系统的结构和过程发生变化时，所表现出的功能和服务也必然发生变化。

（3）生态系统结构和过程之间存在复杂的相互关系。一方面，生态系统结构决定了生态系统过程，是生态系统过程产生的物质基础；另一方面，生态系统过程的产生和维持需要以生态系统结构的稳定存在为基础，生态系统过程为生态系统结构的维持提供了保障。

（4）生态系统内部结构和过程之间的相互联系、相互作用产生了生态系统功能，而生态系统功能中对人类有用，能够为人类提供各种福祉与惠益的部分是生态系统服务。

（5）生态系统服务是生态系统功能的一个"子集"，是生态系统功能满足人类各种福祉与惠益的一种具体表现。

1.6.5 驱动因素

驱动是指施加外力，使得某个事物动起来。在生态系统中，驱动因素（Driving Factor）是指直接或间接导致生态系统变化的各种因素。本书通过梳理既有研究认为，生态系统服务驱动因素是指导致生态系统服务在时间或空间尺度上发生变化的各种因素。总的来说，导致生态系统服务时空分异的主要因素可被分为自然因素和社会因素两类。其中，自然因素包括气候、地形、河流、土壤和生物等，社会因素包括经济（如工业化）、城市化、人口、交通等。

一般来说，自然因素在较短时间内的变化往往不明显，因此，在较短时间内自然因素对生态系统服务的影响作用比较微弱，而社会因素对生态系统服务的影响更加剧烈，更加快速。识别影响生态系统服务的主要驱动因素，了解这些主要驱动因素对区域生态系统服务的影响及其变化过程，可以为区域生态保护及生态系统管理提供科学依据与决策参考，对于实现生态系统服务的可持续性具有十分重要的理论依据和现实意义。

2 国内外研究现状

2.1 生态系统服务

2.1.1 生态系统服务研究历程

概括地讲，国内外生态系统服务研究大致经历了以下四个阶段：探索阶段、发展阶段、深入阶段和多元化阶段（表2.1）。

表2.1 国内外生态系统服务研究历程

阶段	时段	主要研究内容
探索阶段	1970年以前	开始注意到生态系统为人类提供服务的能力
发展阶段	1970—1997年	生态系统服务的概念及内涵
深入阶段	1997—2005年	生态系统服务理论与价值评估方法
多元化阶段	2005年以后	生态系统服务理论、方法与其他研究方向的融合

2.1.1.1 探索阶段

1970年以前，人们对生态系统服务的相关研究仍处于探索的过程中。这一阶段，虽然还没有出现明确的生态系统服务概念，但随着生态系统概念的提出和发展，人们已经开始注意到生态系统具有为人类提供服务的能力。

1935年，Tansley在总结前人经验的基础上，正式提出了"生态系统"这一概念，并认为生态系统是一个由生物体以及构成环境的各种自然因素共同构成的完整系统。此后，以生态系统为核心的生态学逐步形成体系，为生态系统服务相关研究的发展奠定了坚实的理论基础。1948 年，Fairfield Osborn 在他的《我们的被洗劫一空的行星》(*Our Plundered Planet*) 一书中探讨了生态系统在人类社会经济发展中扮演的重要角色。1949 年，William Vogt 在他的《通往余生之路》(*Road to Survival*) 一书中首次提出了"自然资本"(Natural Capital) 的概念，并指出生态系统的服务功能将会由于人类对自然资本的过度消耗而受到威胁。这是首次从生态系统服务的视角强调了生态系统对人类社会生存与发展的重要支撑作用。同年，Aldo Leopold 对生态系统的服务功能开展了进一步的分析和研究，并开始意识到生态系统的服务功能在人类生存、社会发展中扮演着无法替代的重要角色。1953 年，Odum 提出了物质循环及能量流动等研究内容，丰富了"生态系统"的概念，为人类活动与生态系统间的关系和地球生命支持系统的观点诞生提供了科学指导。1968 年，Paul Ehrlich 在其出版的《人口炸弹》(*The Population Bomb*) 一书中分析了人类活动对生态系统的干扰与影响，认为利用并维持生态系统具有重要的意义。

2.1.1.2 发展阶段

1970 年以后，生态系统服务研究进入发展阶段。在这一阶段，随着对生态系统结构与功能理解和认识的不断深入，生态系统服务的概念逐渐清晰，并开始作为一个专业术语和生态学研究的分支。

1970 年，"关键环境问题研究小组"（Study of Critical Environmental Problems，SCEP）在联合国大会题为《人类对全球环境的影响》(*Man's Impact on the Global Environment*) 的主题报告中首次提出了"环境服务"(Environmental Services) 的概念，并罗列了一系列生态系统对人类提供的"环境服务"，如涵养水源、湿度调节、生产原料、温度调节、洪水调节、保持土壤、授粉等。这是标志着生态系统服务研究开端的重要里程碑。1974 年，"环境服务"被 Holdren 等发展为"全球环境服务"（Global Environmental Services），指出了生态系统在保护土壤肥力、维持基因库等方面的重要性，并系统地讨论了生物多样性的丧失对生态系统的影响及能否通过先进的科学技术来替代自然生态系统的服务功能等问题。1977 年，Westman 结合生态系统服务的社会经济价值提出了"自然的服务"(Nature's Services) 的概念，并强调了生态系统对人类福祉至关重要，应该重视生态系统的社会价值。1981 年，Ehrlich 等以人类福祉为关注对象，对早期提出的"环境服务""自然的服务"等概念加以总结和提炼，并提出了"生态系统服务"。至此，"生态系统服务"

这一概念便开始作为一个生态学等学界的专业术语被各国专家和学者所普遍接受并广泛应用。

2.1.1.3 深入阶段

1997年以后,对生态系统服务的研究进行了深入阶段。在这一阶段,随着经济发展同环境保护间的矛盾日益尖锐,人们逐渐认识到生态系统服务的重要性,关于生态系统服务的各种研究数量剧增,生态服务服务理论及价值评估的研究成为这一阶段的热点。

1997年,两大奠基性的论著在学术界引起了巨大的反响,它们分别是《自然服务:社会对自然生态系统的依赖性》(Nature's Services: Societal Dependence on Natural Ecosystems)和《全球生态系统服务与自然资本的价值》(The Value of the World's Ecosystem Services and Natural capital)。Gretchen Daily等系统地介绍了生态系统服务的概念、价值评估方法以及研究历程,并且从生物系统和区域空间尺度的角度研究了生态系统服务。Costanza等介绍了生态系统服务的概念内涵、分类方式,形成了较为完备的生态系统服务评估框架。这两项研究成果的出版不仅对当前生态系统服务研究内容进行了详细的梳理与介绍,更重要的是将生态系统服务的研究从过去零散、并不太受重视的状态,一举推向了科学研究的前沿,使得生态系统服务研究进入了一个崭新的时期。

同时,受Costanza等的文章启发,生态系统服务的相关理论和研究方法逐渐引起国内学者的关注,国内有关生态系统服务的研究也逐渐展开,国内众多专家学者开始将生态系统服务的内涵、概念、分类体系及相关评价方法引入国内。1998年,刘晓获首次使用了"生态系统服务"的概念,并归纳了国外研究中关于生态系统服务概念、性质的研究。1999年,孙刚等阐述了生态系统服务的定义、内涵以及研究动态,并提出了生态系统服务的保护策略和途径。同年,欧阳志云等梳理了国外生态系统服务的研究进展与趋势,总结了生态系统服务的概念、内涵、价值评价方法,并探讨了生态系统服务与可持续发展研究的关系。2000年,辛琨、肖笃宁从定性分析和定量研究两个方面对不同的生态系统服务进行了概述。

在生态系统服务研究不断深入的过程中,除了国内外相关学者外,全球性和区域性的国家和国际组织也扮演了十分重要的角色。2004年,美国生态学会(Ecological Society of America,ESA)将生态系统服务研究列为首个需要解决的重点生态学问题。2005年,国际地圈生物圈计划(International Geosphere-Biosphere Programme,IGBP)与国际全球环境变化人文因素计划(International

Human Dimensions Programme on Global Environmental Change，IHDP）发布了联合核心计划——全球土地计划（Global Land Project，GLP），并围绕土地利用变化与生态系统结构与功能之间的关系、生态系统服务供给等方面的问题展开了重点讨论。2006 年，英国政府与生态学学会（British Ecological Society，BES）将生态系统服务研究确定为政策制定中最为关键的生态学问题。2012 年，联合国生物多样性和生态系统服务政府间科学政策平台（Intergovernmental Science-Policy Platform on Biodiversity and Ecosystem Services，IPBES）正式成立，进一步提升了世界各国对于生态系统服务的关注。2013 年，欧盟生物多样性保护战略（Biodiversity Strategy）特别强调每个成员国要在 2020 年前对各自区域内的生态系统及其服务状况进行综合评估与制图。特别是联合国千年生态系统评估项目的实施，将全球生态系统服务研究推向了新一轮热潮。自 2001 年 6 月，联合国前秘书长安南宣布启动该项目以来，总计有来自全球 95 个国家的约 1360 名科学家参与了这一项目。该项目系统地总结了生态系统服务的概念、提出了基于人类福祉和需求的新分类框架，并首次从过去、现在和未来三个维度对全球各类生态系统状况进行了评估，并提出了相应的管理措施。

在这一阶段，随着人们对生态系统服务认识的不断深入，在对生态系统服务理论进行研究的同时，国内外相关学者也开始从不同尺度、不同生态系统开展生态系统服务的经济价值评估研究，具体可以归纳为以下几个方面：

（1）在全球尺度方面，最具代表意义的是 Costanza 等评估了全球 16 类生态系统 17 项生态系统服务的经济价值。

（2）在国家尺度方面，赵景柱等评估了澳大利亚、英国、加拿大、中国、法国、德国、印度、意大利、日本、俄罗斯、南非、美国等国家的生态系统服务价值，并针对评估结果进行了横向比较。欧阳志云等运用市场价值法、替代市场法、防护费用法、恢复费用法等方法评估了中国陆地生态系统服务及其生态经济价值。陈仲新和张新时参考了 Costanza 的评价体系和估算方法，对中国生态系统的效益进行了评估。随后，毕晓丽和葛剑平基于国际地圈生物圈计划（IGBP）所提供的土地利用/覆盖数据和 Costanza 提出的生态系统服务功能价值，对中国各省（自治区、直辖市）的生态系统服务价值进行了评估。

（3）在流域尺度方面，张志国和卫建军根据 Costanza 及我国学者的相关研究成果，通过构建生态系统服务价值评估模型，对中国陕西延河流域退耕还林（草）前后的生态系统服务价值进行了计算与比较，结果表明，退耕还林（草）后有助于当地生态系统服务价值的提升。Muleta 等基于 Costanza 等提出的方法对生态系统服务价值进行了修正，并对埃塞俄比亚古德流域的生态系统服务价值进行了评估，发现当地草原、灌木林和林地的价值分别减少了83.5%、48.5%和37.5%。2011年，白杨等根据生态系统服务的内涵，提出了海河流域森林生态系统服务评价指标体系，并利用市场价值法、影子工程法和生产成本法等，对海河流域森林生态系统服务的经济价值进行了量化评估，结果表明其总经济价值为2349.4亿元，其中以涵养水源、环境净化和固碳释氧的经济价值为主。冉圣宏等根据1986年和1994年的土地利用/覆被数据，采用Markov Chain模型和Patch-dynamics模型对渔子溪流域未来土地利用/覆被类型变化趋势进行了模拟，并对其生态系统服务经济价值进行了预测。1995年，Gren对欧洲多瑙河流域的水质净化、生物多样性、防洪等生态系统服务价值进行了估算，发现整个多瑙河流域的实际面积年总价值约为6.5亿欧元。

（4）在生态系统类型方面，这一阶段的评估对象已经覆盖了森林、草地、水域等多种生态系统，其中以森林和草地生态系统服务价值评估的案例最多，但建设用地生态系统服务价值评估案例较少。例如，赵同谦等根据森林提供服务的机制、类型和效用，把森林生态系统服务划分为提供产品、调节功能、文化功能和生命支持功能四大类。在此基础上，建立了包含林木产品、林副产品、气候调节、涵养水源、土壤保持在内的森林生态系统评价指标体系，并根据建立的森林生态系统评价指标体系对中国森林生态系统服务的价值进行了估算。谢高地等基于Costanza等提出的方法，根据生物量对青藏高原天然草地生态系统服务价值进行了修正，然后逐项估算了各种草地类型的各项生态服务价值，得出了全国草地生态系统每年的生态服务价值。Andrew在Costanza等人的研究基础上对生态系统服务价值指标系数进行了修正，并对巴西湿地的生态系统服务价值进行了估算。吴玲玲等利用市场价值法、影子工程法、费用替代法等方法，评估了长江口湿地生态系统服务的经济价值。

2.1.1.4 多元化阶段

2005年以后，生态系统服务研究进入了多元化阶段。在这一阶段，随着3S（Remote Sensing，RS；Geographic Information System，GIS；Global Positioning System，GPS）技术在生态学与地理学领域的推广与应用，促进了生态系统服务理论、方法与其他研究方向的融合，生态系统服务研究在深度和广度上都得到了进一步拓展。

在生态系统服务研究不断发展的进程中，国内外专家学者逐渐发现了价值量评估方法在准确性和适用性等方面存在的不足与缺陷，于是，物质量评估方法开始代替价值量评估方法成为这一阶段的研究前沿与热点之一。此外，在不断进步与发展的科学技术的支持下，基于3S技术的生态系统服务评估模型的生态系统服务评估方法逐步成熟，越来越多的生态系统服务评估模型涌现出来，如 InVEST、ARIES、MIMES、SolVES 等。这些生态系统服务评估模型的出现为从时间和空间尺度展开生态系统服务相关研究提供了有效的分析工具。在这一阶段，在生态系统服务评估模型的支持下，生态系统服务相关研究已由最初生态系统服务的经济价值核算向着生态系统服务量化评估及空间制图研究、生态系统服务权衡协同关系、生态系统服务供需关系、生态系统服务驱动因素及驱动机制、生态系统服务与人类福祉之间的关系等各个方向推进，生态系统服务研究整体呈现出不断深入和多元化的特征。

2.1.2 生态系统服务分类体系

生态系统可以为人类社会提供多种生态系统服务，因此有必要对各种生态系统服务进行归纳和分类。一套完整且系统的生态系统服务分类体系不仅可以加深人们对生态系统服务重要性的认识和理解，促进人们意识到生态系统服务的不可或缺性，同时也便于对生态系统服务进行量化评估，从而为基于生态系统服务供给水平的管理决策提供参考。

近年来，在生态系统服务分类体系的研究中，国内外学者和研究机构取得了丰硕的研究成果。不同生态系统服务分类方案的侧重点和应用范围各有不同。总的来说，生态系统服务主要分为以下三类：（1）基于生态系统功能的分类；（2）基于生态系统服务价值的分类；（3）基于人类福祉和需求的分类（表2.2）。

表2.2 生态系统服务分类体系

分类	学者	分类体系内容
基于生态系统功能的分类	Daily 等	大气和水体净化、减缓洪水和干旱、分解废弃物、土壤与土壤肥力的形成与更新、作物等自然植被授粉、害虫控制、种子传播和营养物迁移、维持生物多样性、紫外线防护、局地气候稳定、减缓极端气温和风浪灾害、提供多种文化、提供美学享受
	Groot	生产功能、生境功能、信息功能、调节功能

续表

分类	学者	分类体系内容
基于生态系统功能的分类	Costanza 等	气体调节、气候调节、干扰调节、水分调节、水资源供给、养分循环、减少土壤侵蚀和沉积物保持、土壤形成、养分循环、废物处理、生物控制、提供避难所、食物生产、原材料供给、基因传承、娱乐、文化
	欧阳志云等	有机质的生产与生态系统产品、生物多样性的产出与维持、调节气候、减轻洪涝与干旱灾害、土壤的生态功能、传粉与种子的扩散、有害生物的控制和环境净化
	谢高地	气候调节、生物多样性维持、水源涵养、土壤过程、废物处理、食物生产、气候调节、娱乐文化、原材料
	赵同谦等	提供产品、调节、文化以及支持功能
	Freeman	经济系统输入原材料、维持生命系统、提供舒适性服务以及分解、转移和容纳经济活动的副产品
	刘纪远等	支持服务、调节服务、生态系统结构和供给服务
	董全	自然生产、维持生物多样性、调节气象过程、气候变化和地球化学物质循环、调节水循环和减缓旱涝灾害产生、保持和改善土壤、净化环境、为农作物与自然植物授粉并传播种子、控制病虫害、维护和改善人的身心健康、激发人的精神文明追求
	孙刚等	生物生产、调节物质循环、土壤的形成与保持、调节气候、净化环境、维持生物多样性、传粉播种、防灾减灾和社会文化源泉
基于生态系统服务价值的分类	戴君虎等	直接使用、间接使用、选择、存在以及遗产价值
	欧阳志云等	直接利用、间接利用、选择以及存在价值
	李建勇等	经济、生态以及社会文化价值
	孙刚等	直接、间接、选择以及存在价值
	Pearce	直接使用、间接使用、选择、存在以及遗产价值
基于人类福祉和需求的分类	Wallace	充足的资源、不受外界危害、舒适的物理及化学环境以及社会文化满足感
	Fisher 等	中间服务、最终服务以及现实收益
	李琰等	福祉构建、福祉维护以及福祉提升服务
	谢高地等	供给、调节、支持以及社会服务
	张彪等	物质产品、生态安全维护以及景观文化承载

根据表 2.2 可知，虽然在同一生态系统服务分类体系下，国内外学者和研究机构提出的生态系统服务分类方案在内容上基本相似，但三大主流分类体系在内容上却存在显著差异，涉及自然生态、社会管理等多个领域，这实际上反映了学者们对生态系统服务内涵存在不同的认识偏差。

参考已有研究成果，本书采用目前国际上认可度较高、使用范围最为广泛且由联合国千年生态系统评估（MEA）项目提出的分类体系，即供给服务、调节服务、文化服务以及支持服务四种类型（表 2.3）。

表 2.3 MEA 生态系统服务分类体系

分类	内涵	小类
供给服务	从生态系统中获得的物质产品	粮食、淡水、薪柴、纤维、生物化学物质、遗传资源等
调节服务	由生态系统过程的调控功能获得的惠益	调节气候、控制疾病、调节水资源、净化水源
文化服务	人类从生态系统获得的非物质惠益	精神与宗教、消遣与生态旅游、美学、激励、教育、区域认同感、文化遗产等
支持服务	生产其他生态系统需要的基础服务	土壤形成、养分循环、初级生产等

2.1.3 生态系统服务量化评估方法

生态系统服务具有复杂性和多样性等特征，且与人类社会联系紧密。生态系统的科学管理要以合理的生态系统服务量化评估为前提，这对自然资源的合理利用及可持续管理等政策的制定具有重要的参考价值。目前，国内外常用的生态系统服务量化评估方法主要包括以下四大类：价值量评估法、能值评估法、物质量评估法以及模型评估法，每种评估方法的优势及局限性见表 2.4。

表 2.4 生态系统服务量化评估方法比较

评估方法	优势	局限性
价值量评估法	评估单位一致、便于横向比较；直观反映生态系统服务的重要性；结果有助于政府决策	具有主观性和不确定性；各类生态系统服务价值间叠加计算；易忽略生态系统服务的空间异质性和生态学意义

续表

评估方法	优势	局限性
能值评估法	单位统一，反映生态系统服务的真实价值；有助于调节经济与生态环境的关系；便于指导经济发展政策的制定	数据难获取，计算过程复杂；易忽略与太阳能关系微弱的生态系统服务类型；结果无法反映人类需求性和服务自身的稀缺性
物质量评估法	结果客观、反映生态系统的可持续性而非重要性；适用于大尺度的研究区域；不受市场经济的影响	结果不直观、专业性较强；单位和量纲不一致，无法进行比较和综合评价
模型评估法	便于生态系统服务的空间制图；反映生态系统服务产生的生态过程与机理；适用于大尺度的研究区域	适用范围十分有限

（1）价值量评估法。价值量评估法是基于经济学、计量学的方法，采用货币形式，从经济价值量的角度对生态系统提供的各项服务进行量化评估。目前，该方法已经发展得较为成熟，又可细分为三大类：①直接市场法，包含费用支出法、机会成本法以及市场价值法等；②替代市场法，有影子工程法、旅行费用法等；③模拟市场价值法，如享乐价值法、模拟市场法等。

（2）能值评估法。能值评估法是利用模型或能值转换率等基本算法对不同类型生态系统服务的能量、质量或信息进行转换，统一采用太阳能量（焦耳）形式，从太阳能值的角度对生态系统服务的价值进行量化评估。

（3）物质量评估法。物质量评估法是基于长期定位观测、田野调查、对照实验、社会调研等手段，通过对生态系统服务生物物理指标的模拟和估算，从物质量的角度对生态系统提供的各项服务进行量化评估。

（4）模型评估法。模型评估法主要以 GIS 和遥感数据为支撑，基于生态系统服务产生的生态过程和机理，利用特定的模型或算法对各类生态系统服务进行量化评估和空间分析。模型评估法不仅能够为政策制定者提供直观的参照，还可为可持续发展战略和环境保护政策的制定提供科学依据。近年来，市场上已涌现出众多针对不同服务类别的生态系统服务评估模型，如 InVEST 模型、ARIES 模型、MIMES 模型、SoIVES 模型等。这些模型往往基于特定研究尺度和具体的场所条件，通过提出一定的理论假设对服务模型进行一定的简化，进而实现对生态系统服务的量化分析。常见生态系统服务评估模型的优势及局限性见表2.5。

2 国内外研究现状

表 2.5 常见的生态系统服务评估模型

模型	优势	局限性
InVEST	简单便捷、操作灵活；易于实现空间表达和动态分析；应用范围广；适用于多尺度多场景研究	数据需求量较大；结论有一定的局限；部分模块开发不够成熟
ARIES	模拟生态系统服务的空间流动过程；评估精度高	适用范围有限
MIMES	有利于动态模拟	适用范围有限
SolVES	专门用于生态系统文化服务评估	数据收集复杂；结果有一定的误差；适用范围有限

①InVEST 模型：InVEST（Integrated Valuation of Ecosystem Services and Trade offs）模型由美国斯坦福大学"自然资本项目"开发，其基于土地利用变化/覆被数据、自然环境数据和社会经济数据等，由一系列基于生态系统生产过程的子模块和算法组成，可用于碳固持、水生产、水体净化、水土保持等多种生态系统服务的量化评估。目前，InVEST 模型已经在国内外生物多样性、栖息地维护、碳储量、土壤保持，水净化和产水量等生态系统服务量化评估中得到了广泛应用。

②ARIES 模型：ARIES（Artificial Intelligence for Ecosystem Services）模型由美国佛蒙特大学开发，其基于集合相关算法及空间数据信息，采用人工智能和语义建模，可对多种生态系统服务的空间流动过程进行模拟。

③MIMES 模型：MIMES（Multi-scale Integrated Earth Systems Model）模型由美国佛蒙特大学 Gund 生态经济研究所开发，其考虑了时间动态，通过输入和输出分析方法，从环境经济学角度对生物圈、人类圈、水圈、岩石圈、大气圈的生态系统服务进行评估。

④SolVES 模型：SolVES（Social Values for Ecosystem Services）模型由美国地质调查局和科罗拉多州立大学联合开发，其主要用于文化生态系统服务的量化和空间分析，如美学、休闲和娱乐等。

总的来说，生态系统服务相关量化评估方法、评估模型已有了长足发展。其中，InVEST 模型因简单便捷且发展较为成熟，是现阶段应用最广泛的生态系统服务评价模型之一，在国内外的生态系统服务定量评价中得到了广泛使用。因此，本书选择 InVEST 模型作为四川省生态系统服务的主要量化评估工具和方法，其评估结果具有一定的权威性和可靠性。

2.2 驱动因素对生态系统服务的影响研究

2.2.1 生态系统服务驱动因素分类体系

生态系统服务的时空变化受到多种因素的影响，科学识别并认知这些驱动因素对于科学制定生态保护与管理对策、优化管理生态系统服务、实现生态系统服务的可持续性具有十分重要的意义。

按照不同的研究目的和划分依据，可将生态系统服务驱动因素归结为以下几类：（1）内部因素和外部因素；（2）自然因素和社会因素（也称为人文因素）；（3）直接因素和间接因素。其中，使用最广泛的是自然因素和社会因素，涉及的主要指标见表2.6。

表2.6 生态系统服务驱动因素

驱动因素类型		主要指标
自然	气候	年均降水，年均气温，年均风速，空气相对湿度，年蒸散发量，太阳辐射，日照时数
	地形	海拔，地形起伏度，坡度，地貌类型
	土壤	砂粒含量，粉粒含量，黏粒含量，有机质含量，土壤类型
	植被	植被覆盖度，植被类型
社会	土地利用	耕地面积，林地面积，土地利用类型
	人类活动	人口密度，国民经济生产总值，距道路的距离，道路密度，距河流的距离，城镇化，与城市中心距离

在现阶段生态系统服务驱动因素研究中，自然因素主要包括气候因素、地形因素等，而社会因素主要包括土地利用因素、人类活动因素等。值得注意的是，在经济社会发展过程中，为获取更多某类特定的生态系统服务（如粮食和木材等），人类往往会通过不同的土地利用策略对生态系统进行改造，如为了增加粮食供给而加大土地利用强度或改变土地利用类型。因此，土地利用也是衡量人类活动强度的重要指标之一。鉴于此，下一小节主要从气候因素、地形因素和人类活动因素三个方面对生态系统服务的影响的相关研究进行整理与归纳。

2.2.2 驱动因素对生态系统服务的影响研究

2.2.2.1 研究内容

在生态系统服务评估框架下,专家学者们在全球不同国家、不同时空尺度内开展了广泛研究,揭示了不同驱动因素对生态系统服务的影响,主要包括以下几个方面的内容。

1. 气候因素

气候变化是影响生态系统服务的重要驱动因素,在全球气候变化研究的热潮下,气候因素对生态系统服务的影响日益受到学者们的关注。目前,相关研究主要集中在以下两个方面。

(1) 评估已发生的气候变化对生态系统服务的影响。具体归纳如下:①气象灾害对生态系统服务的影响。例如,Nelson 等讨论了飓风等气象灾害对美国当地渔业养殖、水生产、休闲游憩等生态系统服务的影响,并进一步对未来气候变化对这些生态系统服务的潜在作用进行了模拟与分析。Chiang 等利用 InVEST 模型分析了夏季台风对中国台湾地区水生产、水质净化、土壤保持、碳固持等生态系统服务的影响,研究结果表明,台风引起的强降雨对当地土壤保持和水生产服务具有更强的影响,但对碳固持服务的影响相对不明显。②极端天气对生态系统服务的影响。例如,李保平等探讨了农业有害生物对当地气候变化的敏感程度,研究结果表明,有害生物入侵的风险会随着极端天气事件发生频率和强度的增强而增加。Terrado 等利用 InVEST 模型分析了干旱等极端天气对地中海盆地淡水供给、水电生产等生态系统服务的影响,研究结果表明,干旱年份会导致淡水供给和水电生产等经济收益的大幅下降,但却促进了当地水质净化经济收益的大幅提高。Wood 等研究了春季极端天气对美国中部草原鸟类在迁徙过程中提供的生态系统调节服务的影响,发现极端温暖的天气会改变候鸟与无脊椎猎物之间的联系,进而可能会对当地生物栖息地和生态系统调节服务造成影响。Rahman 等研究了热带气旋对孟加拉国红树林生态系统服务的影响,研究结果表明,极端气候引起的热带气旋会导致当地土地生产力长时间退化甚至丧失,使得依赖土地资源谋生的当地居民被迫改变生计,进而增加了对当地红树林生态系统服务的压力。如果不采取必要的适应措施,最终可能会对当地红树林的生物多样性构成灭绝性威胁。Trumbore 等分析了气候变化对森林健康状况的影响,发现温度升高会延长昆虫生命周期,增加病虫害发生频率，而干旱会进一步加剧树木的死亡率，进而降低森林生态系统服务供给水平。Bahn等发现极端气候，特别是干旱和热浪，会通过土地利用/覆被类型对碳循环和水循环造成影响，进而对生态系统服务产生重大影响。

(2) 设定不同的气候变化情景，预测未来气候变化对生态系统服务的影响。具体可以归纳为：①不同的降雨、温度情景下，未来气候变化对生态系统服务的影响。例如，张明军等基于前人的研究成果，设置了年均温度增加4℃、降雨增加10%，年均温度增加4℃、降雨不变以及年均温度增加4℃、降雨减少10%三种不同的降雨、温度情景，以预测未来气候变化对中国森林生态系统服务价值的潜在影响，发现在三种不同的降雨、温度情景下，虽然中国森林面积均减少了，但森林生态系统服务经济价值均呈现增加的变化趋势。徐雨晴等根据降雨和气温等气候因素设置了低排放（RCP 4.5）和高排放（RCP 8.5）两种情景，以分析未来气候变化对中国草地生态系统服务价值的潜在影响，发现在两种情景下，中国未来草地生态系统服务的经济价值均呈现增加趋势。②不同碳排放情景对生态系统服务的影响。例如，Shaw等参考政府间气候变化专门委员会（Intergovernmental Panel on Climate Change，IPCC）设置了高排放和低排放两种碳排放情景，运用生物物理模型分析了未来气候变化对美国加利福尼亚州碳固持、牲畜天然饲料生产两个关键生态系统服务的潜在影响，结果表明，在不同碳排放情景下，研究区的生态系统服务供给量和价值均会下降，并进一步导致国家和全球经济产出的减少。Lam等使用climate-living marine resources simulation模型，预测了高碳排放情景下未来气候变化对全球渔业收入的潜在影响，发现在2050年高碳排放情景下，未来气候变化将会导致全球渔业收入下降1/3以上。冯晓玙等设置了低排放、中排放和高排放三种不同的温室气体排放情景，探讨了未来气候变化对三江源地区土壤保持服务的影响，结果表明，土壤保持服务在不同排放情景下均呈现出了相同的空间变化趋势。Rocca等运用Hadley Center Climate Model（HadCM3）模型，分析了高排放情景下未来气候变化对美国森林生态系统中火灾风险控制、固碳、生物多样性的影响，发现气候变化有助于西部干旱地区森林生态系统服务的提高，如生物多样性保护、碳固持等。

2. 地形因素

地形变化可以直接影响地面的物质流动与能量转化，进而对不同土地利用类型的空间分布造成影响。通常情况下，在小区域和景观尺度上，地形因素对生态系统服务的供给能力及空间异质性的影响更加明显。

目前，相关研究主要集中在分析海拔、坡度、坡向等地形因素对生态系统服务的影响。例如，Marshall采用相关性分析法，分析了坡度、海拔等地形因素与沙丘植被丰富度、密度和多样性之间的关系，发现植被多样性会受到地形变化的影响。陈彧分析了海拔对湖北省生态系统服务价值的影响，发现海拔对湖北省大部分地区生态系统服务价值的影响以正向影响为主，这主要与海拔对植被覆盖度的影响有关。林华荣分析了海拔、坡度等地形因素对我国广州市生态系统服务价值的影响，研究结果表明，广州市建设用地分布与海拔和坡度密切相关：珠江沿岸地理优势明显，广阔的平原有利于大面积的建设用地扩张，进而导致当地生态系统服务价值的减少。苏常红等运用典型相关分析法，分析了坡长和坡向等地形因素对中国汾河上游土壤保持、产水量、净初级生产力、固碳释氧、粮食生产五项生态系统服务的影响，发现坡度是影响土壤保持服务的主要驱动因素。Stewart等发现地形可以通过对土壤水分、土壤温度和养分可用性等因素的控制，进而对氮矿化、硝化和反硝化过程造成影响。勾蒙蒙分析了海拔、凹凸度等地形因素对中国亚热带次生林生态系统服务之间关系的影响，研究结果表明，海拔是影响栎常绿阔叶林土壤碳固持与土壤氮储存之间协同关系的主要驱动因素，而地形凹凸度是影响中国亚热带次生林空气质量调节与木材供给之间权衡关系的主要影响因素。魏堃分析了坡度、坡向、海拔等因素对伊犁河流域净初级生产力和水源涵养的影响，发现坡度、海拔均对当地净初级生产力有正向促进作用。张玲玲运用相关性分析法分析了地震、滑坡、泥石流等自然灾害对我国白龙江流域生态系统服务的影响，发现地质灾害会影响景观的连通性，导致地表景观破碎，进而对生境质量、土壤保持、碳固持、水生产等服务产生影响。张晗分析发现，安远县土壤侵蚀比较严重的区域主要与当地自然条件和人类活动的共同作用有关。这些区域大部分位于山区，一方面，降雨量较高，降雨强度相对较大，降雨或流水对当地土壤的冲刷、搬运和侵蚀作用明显；另一方面，由于对稀土等矿产资源的过度开发和森林资源的乱砍滥伐，当地植被覆盖度较低，土质疏松，容易引发滑坡、泥石流等地质灾害，最终导致这些地区的水土流失和土壤侵蚀较为严重。

3. 人类活动因素

人类在利用生态系统提供的各种物质资源以及基本生存环境的同时，其各种活动也强烈地影响着生态系统提供服务的能力。目前，人类活动对生态系统服务的影响已受到越来越多专家学者们的关注。相关研究主要集中在以下四个方面。

（1）土地利用变化对生态系统服务的影响。具体归纳如下：①分析过去或目前土地利用变化对生态系统服务的影响。例如，Estoque和Murayama研究了 1988—2009 年土地利用变化对菲律宾碧瑶市生态系统服务的影响，研究结果表明，在这 21 年时间里，当地生态系统服务价值降低了 320 多万美元，其中很大一部分与当地森林面积的减少有关。Tolessa 等研究了 1973—2015 年土地利用/覆被类型变化对埃塞俄比亚中部高地生态系统服务的影响，发现森林覆盖减少是导致当地生态系统服务价值下降的最主要原因。Wang 等研究了 1990—2010 年土地利用/覆被类型变化对中国横断山脉生态系统服务的影响，研究结果表明，1990—2000 年期间，由于森林砍伐，横断山脉生态系统服务价值有所下降，但 2000—2010 年由于生态项目的实施，当地生态系统服务价值呈现急剧上升的趋势。Peng 等分析了 2000—2015 年气候变化和土地利用/覆被类型变化对中国贵州省净初级生产力、水土保持和产水量三项生态系统服务的影响，发现过去 15 年间土地利用/覆被类型变化是导致当地净初级生产力和土壤保持变化的主要原因。李峰等基于 1991 年、1996 年、2001 年和 2006 年四期的遥感影像数据，探讨了城市发展、建设用地扩张与常州市生态系统服务之间的关系，发现过去 15 年间，当地生态用地面积的大幅度减少导致了常州市生态系统服务经济价值整体呈现下降的趋势。1991—2006 年，由于城市化占用大量生态用地，常州市区生态用地占市区面积的比例从 89.2% 降低至 65.1%，而常州市区生态用地生态系统服务价值总体降低了 19.3%。Haase 等分析了德国城市化地区生物多样性、气候调节、文化娱乐、粮食供给和地上碳固持五种生态系统服务之间的关系，发现当地各生态系统服务之间的权衡协同关系与当地土地利用/覆被类型变化有关。贾琦探讨了 1990—2019 年土地利用/覆被类型变化对荥阳市生态系统服务价值的影响，发现当地生态系统服务价值与水域、耕地和高覆盖度草地有关。伍星等基于 1980 年、1990 年和 2000 年三期的遥感影像数据，探讨了过去 20 年间长江上游生态系统服务价值对当地土地利用/覆被类型变化的敏感程度，并得出土地利用/覆被类型变化是导致当地生态系统服务价值变化的主要因素的结论。②通过设定不同的土地利用情景预测未来土地利用/覆被类型变化对生态系统服务的影响。例如，Sharma 等运用 Land Change Modeler（LCM）和 InVEST 模型设置了三个未来土地利用情景，分析了未来土地利用变化对印度尼西亚中加里曼丹普朗皮索区生物多样性的影响，研究结果表明，在过去坚持土地利用/覆被类型策略和有计划的农业扩张两个土地利用情景下，当地生境质量大幅下降，而在以保护为主的情景下，当地生境质量得到明显改善。Shoyama 和 Yamagata 分析了未来土地利用/覆被类型变化对日本流域当地生态系统服务的影响，研究结果表明，在不实施保护的情景下，当地的木材和农业生产量在 2060 年以前将始终处于较低水平，而且由于土地管理的减少，当地的支持和供应服务将会减少。Geneletti 探讨了未来不同土地使用分区政策的实施对水净化、土壤保护、物种栖息地、碳封存和木材生产等生态系统服务未来供应的影响。Wang 等设置了一切照旧（BAU）、快速经济发展（RED）和生态土地保护（ELP）三种土地利用/覆被类型变化情景，以预测未来不同土地利用/覆被类型变化对武汉市生态系统服务的潜在影响，研究结果表明，在三种不同情景下生态用地将分别下降 18%、11% 和 6%，而这也导致当地生态系统服务价值分别下降 11%、6% 和 2%。Gomes 等对土地利用/覆被类型变化对生态系统服务的影响进行了文献综述，发现当前研究集中在分析未来土地利用/覆被类型变化对供给服务（44.11%）和调节服务（43.59%）的影响。

（2）城市化对生态系统服务的影响。实际上，城市化在带动社会经济发展的同时，也深刻地影响着生态系统的结构及过程，进而影响了生态系统提供各种服务的能力。例如，郝利文探讨了 2019 年人类活动对晋北地区典型森林生态系统服务的影响，发现城镇化进程对当地森林生态系统服务的影响主要表现在城市和道路以及各种园区的建设征占了大量林地，从而减弱了当地森林生态系统提供服务的能力。Li 等分析了城市化对南京市不同城市化区域食物供应、碳固持、土壤储水、空气净化、栖息地适宜性和娱乐潜力六项生态系统服务的影响，研究结果表明，城市化对当地这六项生态系统服务均产生了重大影响，且由于城市扩张和人口流动，城市化对当地生态系统服务的影响在空间上存在高度的异质性特征。孙晨运用多元回归分析方法构建了经济、人口、城市化水平三个人文因素对和田市生态系统服务价值影响的模型，发现生态系统服务价值变化与总人口和城市化水平呈现极为显著的负相关关系，而与经济水平呈现正相关关系。李湘德分析了经济增长、产业结构、城镇化程度以及人口密度对长江经济带各省市生态系统服务价值的影响，发现经济增长因素和产业结构因素对生态系统服务价值的增加有促进作用；而城镇化因素和人口因素对生态系统服务价值有抑制作用。Zhang 等运用回归分析方法，分析了城市化对珠江三角洲不同城市化区域水生产、粮食生产、碳固持以及休闲游憩四项生态系统服务供需关系的影响，发现城市化对发达和发展中地区的生态系统服务供需关系没有明显影响，但对农村地区生态系统服务供需关系存在明显的负向影响，且农村地区生态系统服务供需关系对建设用地占比最为敏感。这项研究为快速城市化地区人与自然协调发展的决策提供了依据。

（3）人类生产生活方式对生态系统服务的影响。例如，刘丹采用结构方程分析了影响山东省森林生态系统服务的主要驱动因素，发现当地森林生态系统服务受人类活动干扰十分明显。这主要是由于随着人口的增加，为了满足日益增长的粮食需求，大面积的森林被开垦用于农业种植，导致当地森林面积的减少，进而影响了森林在维护生物多样性、调节小气候、涵养水源等方面的功能。陈美田分析了影响上海海洋生态系统服务价值（捕捞生产、养殖生产、氧气生产、淡水供给、固碳、水质净化、干扰调节、旅游娱乐、教育科研和生物多样性维持等）的时空变化及主要影响因素和驱动过程，发现当地捕捞生产服务价值的减少，与当地不合理捕捞、水污染、填海造陆和水利工程建设等人类活动导致当地海洋渔业资源减少有关；养殖生产服务价值的增加与人口增长对水产品的需求增大有关。胡鑫和吴成亮探讨了湿地结构、湿地健康等内部驱动因素和人类活动干扰、自然驱动力等外部驱动因素对京津冀地区湿地生态系统服务的影响，发现内部驱动力对湿地生态系统服务具有正向影响，其中湿地健康主要影响供给与支持服务和调节服务，湿地结构主要影响供给与支持服务和文化服务，而外部驱动力对湿地生态系统服务具有负向影响，其中土地开垦、基础设施建设、大规模灌溉等人类活动干扰对供给与支持服务、调节服务和文化服务的影响程度较高。

（4）政策管理对生态系统服务的影响。人类正试图通过生态系统管理、生态工程、生态修复和重建、生态风险评估和规划等途径加强对生态系统服务的管理，以扭转其对生态系统服务形成的阻碍。潘梅从生态修复工程、农业生产活动以及城市化发展状况三方面分析了人类活动对京津冀地区防风固沙、水源涵养、土壤保持三项生态系统服务的影响，发现人类可以通过实施生态修复工程，直接改变当地植被的生长状况，进而间接影响生态系统服务功能的供给能力。例如，通过实施耕地造林种草、草地治理、小流域治理等一系列生态修复工程，促进了京津冀地区当地植被的生长，提高了当地的防风固沙、水源涵养以及土壤保持服务的供给量。但随着城市建设用地的扩张，京津冀地区大量的农田生态系统转为聚落生态系统，造成区域植被覆盖度有所下降，导致部分生态系统服务量降低。Fei 等分析了改革开放以来土地利用变化对吉林西部地区生态系统服务价值的影响，发现相关政策的制定和管理措施的执行改善了当地生态环境恶化的状况，生态系统服务价值的下降速度也有所减缓。Lu 等探讨了环境保护政策对 2000—2008 年中国黄土高原生态脆弱地区水生产、土壤保持、碳固持以及粮食生产四项生态系统服务的影响，发现环境保护政策虽然促进了土壤保持、碳固持以及粮食生产的增加，但在气候变暖和干燥的趋势下，区域水生产量却呈现下降趋势。

2.2.2.2 研究方法

国内外相关研究学者通常选用相关性分析、回归分析等统计学方法对驱动因素与生态系统服务的影响进行定量化分析与研究。

1. 相关性分析

相关性分析（Correlation Analysis）是一种对两个或两个以上变量间是否具有关联关系及关联程度大小进行考察的统计学方法，一般用相关系数 r 来表征。相关系数的取值范围为 $[-1,1]$，若 r 小于 0 表示变量间为负相关关系，且 r 越小变量间负相关程度越高；r 大于 0 表示变量间为正相关关系，且 r 越接近 1 表示变量间正相关程度越高。相关性分析只能测量变量间是否存在线性关系及其线性关系程度的强弱。例如，Sutton 等运用相关性分析法研究了全球生态系统服务价值与世界各国国内生产总值之间的关系，发现在全球尺度上，生态系统服务价值与经济发展水平有关。吴迎霞运用相关性分析法研究了人口密度、农业技术、经济发展、农业生产等驱动因素对海河流域产品提供、水生产、水质净化、土壤保持、碳固持五项生态系统服务的影响，发现 4 项驱动因素均与产品提供呈显著正相关关系，而与水质净化、土壤保持、碳固持均呈显著负相关关系。曾杰等基于 1990 年、2000 年和 2009 年三期土地利用/覆被类型数据，采用相关性分析研究了 1990—2009 年武汉城市圈生态系统服务价值与不同土地利用/覆被类型变化之间的相关关系，发现研究年限内，林地、水域、草地、耕地的面积变化与当地生态系统服务价值呈显著正相关关系。于娜采用相关性分析探讨了 2000—2013 年政策、土地利用/覆被类型、植被盖度和气候因素等驱动因素与中国毛乌素沙地供给、调节、文化三类生态系统服务之间的关系，发现当地碳储量与植被归一化指数、年均降水量呈高度正相关关系，而与平均风速、大风日数呈负相关关系。Wang 等采用相关性分析探讨了当地气候变化和人类活动与锡林郭勒盟生态系统服务价值之间的相关关系，发现在气候变化和人类活动的共同作用下，锡林郭勒盟生态系统服务价值呈现出大幅度的下降趋势。韩艳莉采用相关性分析和双变量空间自相关分析法，分析了 2000—2018 年气温、降水以及景观指数与青海湖流域水生产、土壤保持、净初级生产力三项生态系统服务的相关性程度，研究结果表明，降水、气温与当地水生产、土壤保持存在正相关关系。杜加强等采用相关性分析，探讨了 1982—2012 年气候变化和人类活动对新疆植被生长的影响，发现气候变化与植被覆盖度的关系在不同季节存在差异：在春季和秋季，气温与植被覆盖度的相关性更强；在夏季，降水对植被覆盖度的影响则更加明显。李素晓采用相关性分析探讨了土地利用/覆被类型、降水、气温和海拔等自然因素，以及人口密度、三次产业单位面积地区生产总值、单位面积农用化肥施用量等社会因素对京津冀地区产水量、土壤保持、固碳等生态系统服务的影响，发现产水量主要受到降水、建设用地率和耕地覆盖率的综合影响；营养物质氮磷的输出主要受耕地覆盖率和气温的影响；土壤保持的主要影响因素为林地、草地覆盖率和气温；林地和湿地覆盖率对固碳量的贡献最大。因此，应当保护森林、草地，优化生态系统空间布局，设置生态红线，有序推进城镇化。

2. 回归分析

回归分析（Regression Analysis）是以构建回归公式的形式，通过回归系数来反映自变量与因变量之间统计学关系的分析方法。例如，Lobell 等采用回归分析法探讨了1980—2008年全球气温和降水变化对各国粮食产量的影响，发现在亚热带半干旱地区，粮食生产能力的下降与全球气候变暖有关。刘洋采用逐步回归分析法识别了2010年江苏省太湖流域水生产、土壤保持等五项生态系统服务之间关系的主要驱动因素，发现氮净化和水生产之间的权衡关系与城镇建设用地密度、农村居民点密度、植被覆盖度以及水网密度有关。饶恩明和肖燚采用逐步回归分析法分析了2015年地形、气候和土壤因素对四川省土壤保持服务的影响，发现当地土壤保持空间格局主要受气候和地形的影响。吴柏秋采用多元回归分析方法探讨了气候、植被驱动因素与三江源牧区牧草供给、土壤侵蚀、风蚀、水源涵养四项生态系统服务之间的统计学关系，研究结果表明，当地产草量、防风固沙等生态系统服务变化与气候、植被驱动因素均存在统计学上的关系。Sannigrahi 等采用了六种空间回归模型探讨了自然与社会驱动因素对印度孙德尔本斯地区红树林生态系统服务的影响，研究结果表明，气候、地形等自然驱动因素是影响当地红树林生态系统服务的主要驱动因素。姚成胜和刘耀彬分析了总人口数、地区生产总值和城市化水平三个驱动因素对1995—2005年福建省生态系统服务价值的影响，发现总人口数是影响福建省生态系统服务价值变化的主要因素。

3. 冗余分析

冗余分析（Redundancy Analysis，RDA）是一种将回归分析和排序分析两种分析方法结合起来的统计分析方法。例如，吴迎霞采用冗余分析方法探讨了人口密度、农用化肥施用量、农村居民人均纯收入等驱动因素对海河流域产品提供、水生产、水质净化、土壤保持、碳固持五项生态系统服务的影响，发现影响水质净化的主要驱动因素是人口密度和农村居民人均收入，影响产品提供的主要驱动因素是化肥施用和农业生产，影响碳固持、土壤保持的主要驱动因素是人口密度和农业总产值。Feng 等运用冗余分析法识别了植被类型及其覆盖、土壤属性、地形、降水等自然驱动因素对中国黄土高原土壤侵蚀控制、碳固持和土壤湿度三项生态系统服务的影响，研究结果表明，植被类型、海拔等是土壤侵蚀控制和土壤湿度权衡关系的主要驱动因素，而植被类型及其覆盖度是碳固持和土壤湿度的权衡关系的主要驱动因素。Liu 等利用冗余分析法识别了 1985 年、2000 年和 2015 年影响中国黄土高原生态系统服务簇变化的主要驱动因素，发现降水对调节服务有重要影响，而人口密度对供应服务和文化服务至关重要。汪仕美等利用冗余分析法识别了影响黄土高原子午岭区生态系统服务间权衡与协同关系变化的驱动因素，发现当地生态系统服务受到自然本底条件和人类活动的共同影响，其中，植被类型及其覆盖度、降水量和高程对研究区生态系统服务以积极影响为主，而温度、建设用地占比、人口密度等以消极影响为主。胡昂等利用冗余分析法识别了 2017 年影响四川省水生产、粮食生产、碳固持、水源涵养、土壤保持、休闲游憩六项生态系统服务供需关系变化的主要驱动因素，研究结果表明，降水量、耕地面积、坡度和地区生产总值四项驱动因素是造成四川省生态系统服务的供给及需求呈现高度空间异质性的最重要原因。张立强采用冗余分析探讨了驱动因素对卢龙县耕地生态系统服务价值的影响，发现正相关影响因素中影响程度最大的是农耕作物单价，负相关影响因素里影响程度最大的是坡度。

然而，上述这些传统方法忽视了对生态系统服务的考量，特别是在高空间异质性区域内具有的空间非平稳性特征，因此，这些方法只能从整体上反映驱动因素对生态系统服务的影响，而无法反映驱动因素对生态系统服务影响的程度及其空间分异特征。

4. 地理加权回归模型

近几年，随着生态系统服务驱动因素研究的不断深入，更先进的分析方法如地理加权回归模型（Geographically Weighted Regression Analysis，GWR）更多应用到驱动因素对生态系统服务影响的研究中。例如，Ahmed 等采用地理加权回归模型探讨了流域尺度上气候、土地利用/覆被类型等驱动因素对美国东南部地上森林生物量和产水量的影响，发现降水量、气温、岩石深度、海拔等是影响当地地上森林生物量和产水量的主要驱动因素，且不同驱动因素的影响程度存在明显的空间差异。朱振亚采用地理加权回归模型研究了自然和社会驱动因素对中国京津冀地区生态系统服务价值的影响，研究结果表明，累年气温年较差、累年最少降水量促进了当地的生态系统服务的经济价值，而累年年平均相对湿度、第一产业综合因素对单位面积服务价值的正负作用共存，以负面作用为主。Li 等运用地理加权回归模型分析了 1995—2015 年城市化对南四湖流域生态系统服务的影响程度及其空间分异特征，研究结果表明，城市空间分布的形式促进了当地生态系统服务价值的提升。邵明等运用地理加权回归模型研究了 1995—2015 年自然与社会驱动因素对成渝城市群生态系统服务的影响，发现降水量、温度、单位面积平均地区生产总值、林业用地比例、人口密度等驱动因素对成渝城市群生态系统服务的影响存在十分明显的空间异质性特征。李明慧采用地理加权回归模型分析了 2000—2018 年驱动因素对三峡库区水土保持、水源涵养、生境质量、碳固持四项生态系统服务的影响程度，研究结果表明，驱动因素对当地生态系统服务的影响具有明显的空间分异特征，其中，夜间灯光指数因素与行政中心因素对生态系统服务以正向影响为主，建筑密度因素与道路密度因素以负向影响为主。

通过上述分析可以看出，相较于其他几种方法，地理加权回归模型可以更好地反映研究区域内各驱动因素对生态系统服务服务影响的空间分异特征，并兼顾了整体的统一性与个体的差异性，对生态系统服务空间异质性的归因解释更加明确。因此，本书选择地理加权回归模型来分析驱动因素对生态系统服务的影响，其评估结果具有一定的权威性和可靠性。

2.2.3 省域尺度驱动因素对生态系统服务的影响研究

近年来，不少学者从不同区域尺度开展了驱动因素对生态系统服务的影响研究。其中不乏基于省域尺度的研究，例如，彭文甫等分析了 1996—2006 年土地利用变化对四川省生态系统服务价值的影响，发现四川省生态系统服务价值由 1996 年的 7214.588 亿元上升到 2006 年的 7305.018 亿元，这主要与当地林地、建设用地和园地面积增加有关。祁兴芬采用灰色关联分析法，分析了化肥使用量、有效灌溉面积、农业总产值等 12 个驱动因素对山东省农田生态系统服务价值的影响，发现当地农业总产值与水资源利用、作物种植面积等驱动因素有关，其中，施用农药、化肥对农田服务具有正负两个方面的影响。Fei 等分析了 1975 年和 2010 年人口密度对吉林省西部地区生态系统服务价值的影响，发现随着人口密度的增加，吉林省西部地区生态系统服务价值逐渐减少。饶恩明和肖燚采用逐步回归分析法分析了 2015 年地形、气候和土壤驱动因素对四川省土壤保持服务的影响，发现研究区生态系统土壤保持空间分布格局主要受气候和地形的影响。吴维香分析了 2007—2018 年常住总人口数量、人均地区生产总值、工业增加值占比、小区绿化率等七个驱动因素对福建省生态系统服务价值的影响,发现人口密度、财富水平、工业化水平、城镇化水平、城市环境与技术水平都是影响福建省生态系统服务价值的重要驱动因素,其中城市环境和财富水平对福建省生态系统服务价值有正向影响,其他四个驱动因素以负向影响为主。耿甜伟等基于地理加权回归模型分析了2000—2015年人均地区生产总值、城乡居民收入、土地垦殖率及人口密度对陕西省生态系统服务价值的影响,发现经济因素对生态系统服务价值的解释作用最强,社会因素与自然因素次之,不同驱动因素对生态系统服务价值影响的空间作用强度存在差异。李倩基于面板数据模型分析了人口密度、人均可支配收入、第二产业占比、城镇化率等驱动因素对浙江省森林生态系统服务价值的影响,发现人口密度、人均收入、城镇化率对浙江省森林生态服务价值均有显著的正向影响,而地区生产总值增长率和第二产业占比对生态系统服务价值有负向影响。朱瑕利用多元回归模型分析了常住总人口、城镇化率、工业总产值、国内旅游收入等16个驱动因素对江西省生态系统服务价值的影响,研究结果表明,常住总人口、地区生产总值总量和林业总产值与当地生态系统服务价值呈负相关关系,而第三产业增加值与当地生态系统服务价值呈正相关关系。罗芳等采用土地利用转移矩阵、当量因素法和空间自相关分析法,分析了2000—2018年土地利用/覆被类型变化对四川省生态系统服务价值的影响,发现四川省生态系统服务价值增加与林地和水域面积增加有关。马瑞芳从自然、社会和经济三方面选取了地形、年均降水量、年均气温等12个驱动因素,基于地理探测器分析了2000—2018年驱动因素对陕西省生态系统服务价值的影响,发现海拔、NDVI、人口密度、人均地区生产总值和土地垦殖率是影响当地生态系统服务价值的主要驱动因素。

2.3 生态系统服务的驱动机制研究

国内外专家学者们在全球不同国家和不同时空尺度内开展了广泛研究,揭示了驱动因素对生态系统服务的驱动机制。目前,相关研究主要集中在以下几个方面。

(1) 驱动因素对生态系统服务的影响程度及其时间变化。例如,林华荣构建了驱动因素对生态系统服务价值时空演变影响的路径,并基于该路径识别了1987—2014年影响广州市生态系统服务价值时空变化的主导驱动因素,研究结果表明，不同时间段影响广州市生态系统服务价值时空变化的主导驱动因素存在差异：1975—1987 年，主导驱动因素为海拔、坡度和河流等自然因素；1987—1995 年，主导驱动因素为到主要工业园（区）的距离；1995—2005 年，主导驱动因素为与城市中心的距离；2005—2015 年，主导驱动因素为与总体规划突出发展的区域中心的距离。这反映了自然驱动因素在生态系统服务价值时空演变中起到长期性和基础性的作用，而人文驱动因素能在短时间内对广州市的生态系统服务价值造成负面影响。因此，有必要关注城市中心、人口中心等人文驱动因素，合理引导建设用地的发展，促进生态用地的恢复。Liu 等采用冗余分析探讨了 1985 年、2000 年和 2015 年人口密度、地形崎岖指数、年平均温度以及平均年降水量四个驱动因素对黄土高原六项生态系统服务变化的影响，发现驱动因素与生态系统服务之间的关系会随着时间而变化。张玲玲采用相关性分析方法，探讨了 1977—2014 年人类活动强度对甘肃白龙江流域农作物生产、碳储量、产水功能、土壤保持及生境质量五项生态系统服务影响的变化过程，发现农作物生产与人类活动强度的相关性呈现先增加后减少的变化趋势。1977—2002 年，二者相关性较强是与当地居民的开荒行为使得耕地面积持续增加有关，随后由于退耕还林工程的实施，二者之间的相关性有所下降。吕荣芳分析了 1989—2017 年不同驱动因素对宁夏沿黄城市带生态系统服务影响程度的时间变化特征，研究结果表明，1989—2017 年对农业生产影响最大的驱动因素分别为土地利用格局、植被覆盖度和人口密度，其中，土地利用格局对生态系统服务的影响程度逐渐加强，但植被覆盖度和人口密度的影响程度持续降低。此外，植被覆盖度对碳固持服务的影响最大，且其影响程度不断增加，1989—2017 年，土地利用格局对污染截留的空间分布存在决定性的影响，且其影响程度呈现逐年升高的变化趋势。董敏分析了降水量、温度、太阳辐射等驱动因素对汾河上游流域生态系统服务的影响，研究发现，2000—2015 年各驱动因素对生态系统服务的影响程度存在一定差异，且随时间发生一定变化。其中，降水量是土壤保持、产水和水源涵养三项服务的主导因素，且对这三项服务的影响程度随时间变化呈现不同的趋势；耕地面积是影响粮食生产的主导因素且影响程度逐渐降低，人口密度对粮食生产服务的影响程度仅次于耕地面积，而降水量对粮食生产服务的影响程度呈现逐渐增大的变化趋势。张恩伟探讨了 1980—2018 年间影响滇中城市群产水服务和土壤保持服务时空分布格局的驱动因素，发现不同年份间，同一因素对产水服务和土壤保持服务空间分异性解释力的变化较小，影响相对稳定。张宇硕和吴殿廷利用多元回归模型，定量揭示了 2000 年和 2015 年土地利用因素、社会因素、经济因素对京津冀地区净初级生产力、粮食生产、水源涵养和土壤保持四项生态系统服务的影响，发现2000年、2005年影响净初级生产力的主要驱动因素是建设用地占比，粮食生产和水源涵养的主要驱动因素是耕地面积占比，且研究时间段内土地利用因素对生态系统服务的影响系数呈现上升的趋势。于媛分析了降水量、温度、植被类型、海拔、坡度、土壤类型等驱动因素对哈长城市群2000年、2010年和2015年碳储量、产水量、土壤保持和生境质量等四项生态系统服务的影响程度及其变化，研究发现，在研究年限内，碳储量服务、土壤保持服务、生境质量服务受生态系统类型影响较大，但不同年份间，生态系统类型对生态系统服务的影响程度存在差异。

（2）驱动因素对生态系统服务的影响程度及其空间分布变化。例如，杨超选用地理加权回归模型分析了2011—2015年社会驱动因素对中原城市群土地生态服务价值的影响及其变化特征，研究发现，在研究年限内，地区生产总值对土地生态服务价值基本以正向影响为主，且这种正向影响呈现出逐渐加强的变化趋势。工业生产总值对土地生态服务价值的正向影响正在逐步减弱，且其负向影响的程度及空间范围呈现逐渐加强的变化趋势。Chen等分析了1995—2005年中国土地利用变化与生态系统服务强度之间的关系，发现土地利用变化与生态系统服务强度在统计上有明显的负相关关系。同时，二者之间的关系在不同的空间和不同的时间段有很大的差异。这些结果对未来生态保护优先区的划定、国家土地的可持续发展以及将生态系统服务强度纳入景观规划具有重要意义。陈彧通过构建地理加权回归模型，分析了2000—2008年驱动因素对湖北省土地生态服务价值的影响及其时空分异特征，发现农业发展对当地土地生态服务价值以负向影响为主，因此，这些区域必须重点关注农业发展给当地生态环境带来的负面影响；林地总体上呈现正面影响，特别是在山区，因此林业的发展，尤其是退耕还林等大型的生态恢复工程在当地山区的生态服务价值提升中发挥着十分重要的作用。左玲丽以四川省183个县级行政区作为研究对象，使用时空地理加权回归模型（Geographically and Temporally Weight Regression，GTWR）分析了城市化水平对四川省生态系统服务价值的影响及其时空分异特征，发现城市化对当地生态系统服务价值的影响存在明显的时空分异特征，且不同维度的城市化与综合城市化对生态系统服务价值的影响也存在差异性。其中，土地城市化和综合城市化对生态系统服务价值的负向影响明显。2010年后，人口城市化开始从促进作用转为抑制作用，2018年后，经济城市化从抑制作用转为促进作用。从空间上看，四川东部地区城市化对生态系统服务价值的负影响显著强于西部地区。Sun等采用排序分析和地理加权回归模型分析了1940—2011年美国相邻地区驱动因素对生态系统服务的影响及其尺度效应，发现驱动因素对生态系统服务的影响不仅表现出空间异质性特征，而且还具有尺度效应，规模越小，驱动因素就越多样化。Xie和Ng采用地理加权回归模型探讨了生物物理、人类因素对深圳河流域栖息地丧失的影响及其空间分异特征，研究结果表明，不同驱动因素的影响程度存在明显的空间分异特征。

2.4 研究评述

自生态系统服务概念正式提出后的短短几十年时间里，纵观前人研究成果，人们对生态系统服务的认识与理解正在不断拓展和多元化，具体表现为生态系统服务研究已经由最初的经济价值的核算与评估发展到生态系统服务量化评估、权衡协同关系、供需关系等各个方面的研究，并取得了巨大的成就，相关研究成果为人们对生态系统的认知、理解、保护和应用提供了重要的理论支撑。

但当前针对驱动因素对生态系统服务影响的相关研究仍然存在一些问题和局限性，具体包括以下几个方面：

（1）在研究内容方面，当前驱动因素对生态系统服务的影响研究多侧重于探讨一项生态系统服务与一种或多种驱动因素有关以及一项生态系统服务受到一种或多种驱动因素的影响，缺乏对其中涉及的生态系统结构、生态系统过程、生态系统功能等诸多生态学信息的深入挖掘，且较少针对多种生态系统服务共同驱动因素的综合分析，导致驱动因素与生态系统服务之间的复杂关系仍不明确。

（2）在研究对象方面，当前驱动因素对生态系统服务的影响研究在以高空间异质性区域作为研究对象方面还有待进一步深入，且省域尺度生态系统服务量化评估多采用价值量评估法，未充分考虑到生态系统服务在空间上的非平稳性特征，导致相关研究缺乏综合性与实践价值。

（3）在研究方法方面，当前驱动因素对生态系统服务影响的变化过程研究多侧重于基于相关性系数、线性回归系数等统计结果，分析驱动因素对生态系统服务影响程度的时间变化，抑或基于地理加权回归系数揭示驱动因素对生态系统服务影响程度的空间分布变化，但缺乏驱动因素对生态系统服务驱动机制变化过程方面的研究，无法较为系统、全面地把握时空变化背景下驱动因素对生态系统服务影响的变化规律与特征，难以支持基于生态系统服务供给水平的管理模式。

3 研究区概况与基础数据

3.1 研究区概况

3.1.1 地理位置

四川省地处中国西南内陆腹地,位于长江上游,地理坐标介于北纬 26°03′—34°19′、东经 92°21′—108°12′之间。四川省北连陕西、甘肃、青海,南接云南、贵州,东临重庆,西衔西藏,是西南、西北和中部地区的重要结合部,也是连接我国西南、西北和中部地区以及沟通南亚、中亚、东亚的交通枢纽。

四川省辖区总面积约 $48.6×10^4 \text{ km}^2$,占全国总面积的 5.06%,是我国第五大省级行政区。四川省下辖 18 个地级市、3 个自治州、183 个县级行政区(图 3.1)。

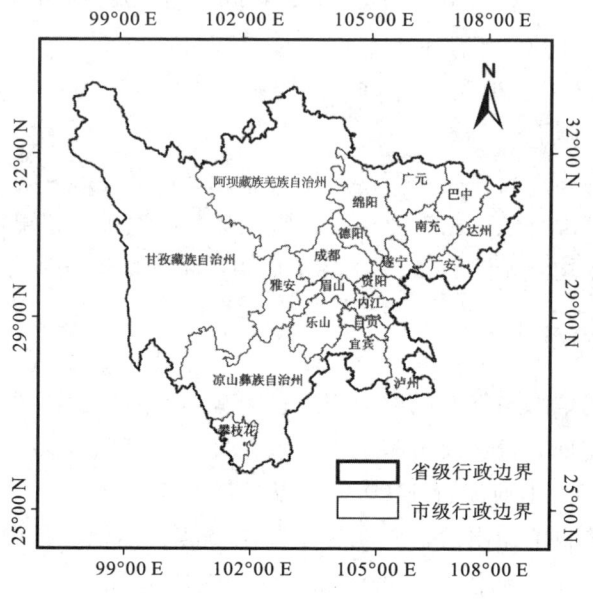

图 3.1 研究区范围

3.1.2 自然环境概况

3.1.2.1 地形地貌

四川省地处我国地势第一、二级阶梯的过渡地带，地形复杂多样，地貌东西差异大。四川省地跨青藏高原、横断山脉、云贵高原、秦巴山地和四川盆地等几大地貌单元，地貌类型以山地、丘陵、平原和高原为主，分别占全省辖区面积的77.1%、12.9%、5.3%和4.7%。整体上看，四川省地势西高东低，由西北向东南倾斜，东西部高低悬殊。以龙门山—大凉山一线为界，东部地区以盆地和丘陵为主，海拔多在1000~3000 m之间，地势相对平坦；西部地区以高原和山地为主，海拔多在4000 m以上。

3.1.2.2 气候条件

四川省地处中国东部季风区与青藏高寒区的交会地带，气候类型复杂，区域差异显著，垂直地带变化明显。根据水热条件和光照条件的差异，可将全省分为以下三大气候区：

四川盆地为中亚热带季风性湿润气候区，全年多云，冬暖夏热，气温日较差小、年较差大，年均温16 ℃~18 ℃，年降水量1000~1200 mm。

川南地区为亚热带半湿润气候区，全年日照时间长，气温年较差小、日较差大，年均温12 ℃~20 ℃，年降水量900~1200 mm，干湿季分明，降水主要集中在5月~10月。

川西地区为高山高原高寒气候区，日照充足，受地形影响，气候垂直变化明显，从河谷到山脊依次出现亚热带、暖温带、中温带、寒温带、亚寒带、寒带和永冻带，年均温4 ℃~12 ℃，降水集中，年降水量500~900 mm。

3.1.2.3 自然资源

复杂多样的地形与气候条件为四川省拥有丰富的自然资源提供了必要的物质条件。四川省地处长江及黄河上游，水系发达，河流众多，有"千河之省"之称。境内共有大小河流近1400条，以长江水系为主，长江向东横贯全省，由阿坝藏族羌族自治州出发，向东经由凉山彝族自治州、攀枝花市、宜宾市、泸州市后流出，川江河段长1030 km，支流有雅砻江、岷江、沱江、嘉陵江等，流域面积占全省土地总面积的97%。

四川省矿产资源十分丰富，矿藏种类齐全。目前，四川省已发现的矿藏种类超过了100种，占全国总矿藏种类的一半以上。矿藏保有量居全国领先水平的超过了30种，其中，天然气、钛矿、钒矿等七种矿藏总量居全国第一。同时，这些矿藏种类在空间分布上相对集中，具有开发难度相对较小，开发利用方式便捷，开发利用价值高等优势。

四川省生物资源富集，植物种类繁多，是我国乃至世界重要的生物基因宝库。四川省的野生高等植物种类超过了10000种，占全国野生植物总数的30%以上，其中，有超过50种野生高等植物已被列入国家珍稀濒危保护植物名录和国家级重点野生植物保护名录。此外，四川省动物资源同样十分丰富，有超过1000种脊椎动物，占全国脊椎动物总数的2/5以上。

3.1.3 社会经济概况

2000—2020年四川省人口增长迅速，城镇人口率显著增加。根据2021年《四川统计年鉴》，全省常住人口从2000年的8329.1万人增长至2020年的8367.5万人，其中，城镇人口从2223.00万人增长至4746.60万人，农村人口从6106.10万人减少至3620.90万人，城镇人口率显著增加，从26.69%增长至56.73%。

2000—2020年四川省地区生产总值平稳上升。全省地区生产总值从2000年的4010.30亿元增长至2020年的48598.80亿元。2000年第一、二、三产业的占比为23.3∶42.7∶34.0，至2020年变为11.4∶36.2∶52.4，第一产业占比显著下降，降幅达23.63%，第二产业占比略有下降，但其中仍以资源依赖型产业为多，重工业占比较大，而轻工业和高新技术产业的占比较小。第三产业在三大产业中的占比提升表明了四川省的产业结构正在逐步优化。

2000—2020年四川省人民生活水平显著提高。2000—2020年四川省全年全体居民人均消费支出由4839.00元增加到25133.00元，这20年间城镇与农村居民人均可支配收入分别提高了5.49倍和7.26倍，城镇与农村居民的恩格尔系数分别下降了19.40%和24.10%。这充分反映了这20年，四川省人民生活水平增长显著，城镇与农村居民生活质量均得到了大幅度的提高。

3.2 基础数据来源与处理

3.2.1 土地利用/覆被类型数据

土地利用/覆被类型数据从中国科学院资源环境科学与数据中心下载而得，包括2000年、2005年、2010年、2015年、2020年五个年份，空间分辨率为1000 m×1000 m。运用ArcGIS 10.6软件对土地利用/覆被类型原始数据进行重投影、裁剪等预处理，形成2000年、2005年、2010年、2015年、2020年五期的四川省土地利用/覆被类型空间分布图（图3.2）。本书参照中国科学院资源环境科学与数据中心采用的土地利用/覆被分类体系，将研究区土地利用类型/覆被类型划分为以下六种类型：耕地、林地、草地、水域、建设用地以及未利用地（表3.1）。

表3.1 四川省土地利用/覆被类型

类型名称	含义	二级类型名称
耕地	种植农作物的土地，包括熟耕地、新开荒地、休闲地、轮歇地、草田轮作物地；以种植农作物为主的农果、农桑、农林用地；耕种三年以上的滩地和海涂	水田、旱地等
林地	生长乔木、灌木、竹类，以及沿海红树林地等林业用地	有林地、灌林地、疏林地、其他林地
草地	以生长草本植物为主，覆盖度在5%以上的各类草地，包括以牧为主的灌丛草地和郁闭度在10%以下的疏林草地	高覆盖度草地、中覆盖度草地、低覆盖度草地
水域	天然陆地水域和水利设施用地	河渠、湖泊、水库坑塘、永久性冰川雪地等
建设用地	城乡居民点及其以外的工矿、交通等用地	城镇用地、农村居民点、其他建设用地
未利用地	目前还未利用的土地，包括难利用的土地	沙地、戈壁、盐碱地、沼泽地、裸土地等

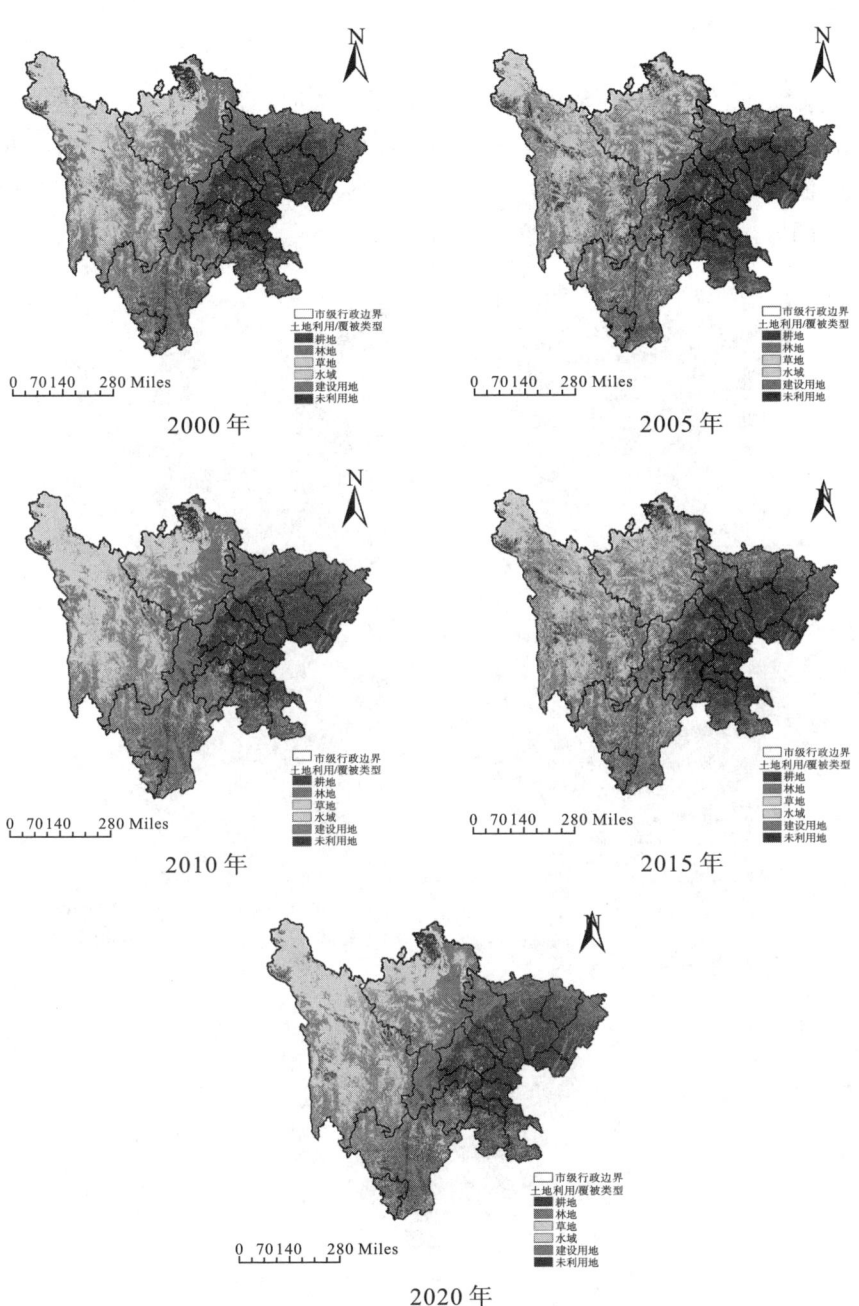

图 3.2 四川省土地利用/覆被类型空间分布图

3.2.2 气象数据

气象数据是从中国气象数据网下载而得。选取四川省 44 个气象站点的文本数据资料。运用 ArcGIS 10.6 软件对气象原始数据进行空间化处理，剔除异常站点值后，进行空间插值，生成 2000 年、2005 年、2010 年、2015 年、2020 年的四川省年均降水量空间分布图（图 3.3）。

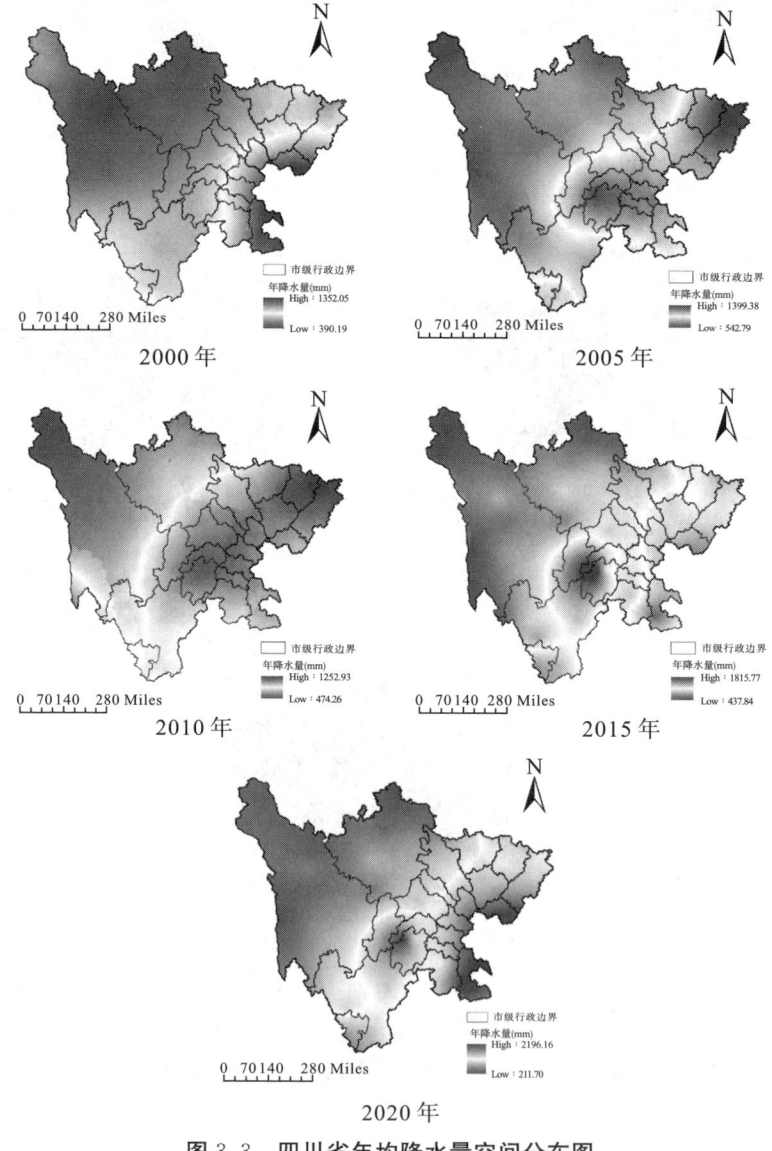

图 3.3 四川省年均降水量空间分布图

太阳辐射数据是从联合国粮食及农业组织官网（Food and Agriculture Organization of the United Nations，FAO）下载而得。该网站提供了不同地区的地球顶层太阳辐射量。运用 ArcGIS 10.6 软件对太阳辐射原始数据进行重投影、裁剪等预处理，进行空间插值后生成四川省太阳辐射空间分布数据。

潜在蒸发量数据是从全球干旱指数和潜在蒸散数据库下载而得。运用 ArcGIS 10.6 软件对潜在蒸发量原始数据进行重投影、裁剪等预处理，获得 2000 年、2005 年、2010 年、2015 年、2020 年的四川省潜在蒸发量空间分布数据。

干燥度数据是从中国科学院资源环境科学与数据中心下载而得，空间分辨率为 1000 m。运用 ArcGIS 10.6 软件对干燥度原始数据进行重投影、裁剪等预处理，获得四川省干燥度空间分布数据。

考虑本书采用的气象数据大部分来自研究区气象站点的监测数据，但空间插值后的结果可能存在一定的误差，为此分别采用反距离加权插值、样条函数插值、克里金插值及泰森多边形插值等方法进行空间模拟运算。结果表明，克里金插值方法的模拟值与实际监测数据值能够较好地匹配，故选择该方法以提高空间插值的准确性。

3.2.3 土壤数据

土壤数据从国家冰川冻土沙漠科学数据中心基于世界土壤数据库的中国土壤数据集下载而得，包括栅格格式的数据库数据（空间分辨率为 1000 m×1000 m）和文本格式的土壤数据，数据采用的土壤分类系统为 FAO-96，包括土壤名称、深度、质地等数据。在 ArcGIS 10.6 软件中将数据库数据与文本格式数据进行链接，按照四川省行政边界矢量数据进行裁剪，获得四川省各类型土壤数据空间分布图（图 3.4）。

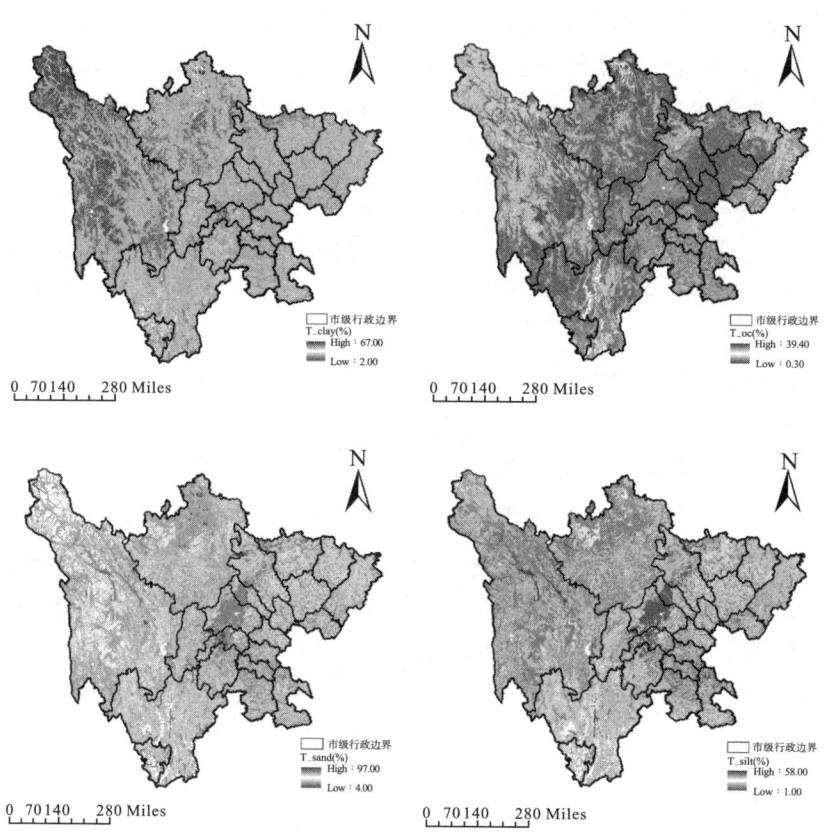

图 3.4 四川省土壤数据空间分布图

3.2.4 高程数据

高程数据是从地理空间数据云下载而得，空间分辨率为 30 m×30 m。运用 ArcGIS 10.6 软件对高程原始数据进行重投影、裁剪等预处理，获得四川省海拔空间分布图（图 3.5）。通过 ArcGIS 10.6 软件中的空间分析工具、栅格计算器获得四川省坡度空间分布图（图 3.5）。

3 研究区概况与基础数据

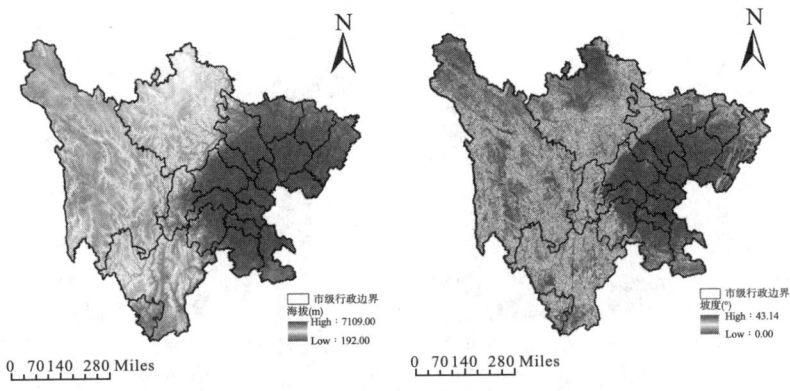

图 3.5　四川省海拔和坡度空间分布图

3.2.5　归一化植被指数数据

归一化植被指数（Normalized Difference Vegetation Index，NDVI）是应用最广泛的能够反映地表覆盖状况和植物长势的指示因素，取值范围为[-1, 1]。一般来说，NDVI≤0 表示地面覆盖为云、水、雪等；0＜NDVI≤0.15 表示地面覆盖为沙石、裸地等贫瘠区域；NDVI＞0.15 表示地面覆盖为植被区域，且 NDVI 值越大，植被生长情况越好。归一化植被指数数据是从中国科学院资源环境科学与数据中心下载而得，包括 2000 年、2005 年、2010 年、2015 年、2020 年五个年份，空间分辨率为 1000 m×1000 m。运用 ArcGIS 10.6 软件对归一化植被指数原始数据进行重投影、裁剪等预处理，获得 2000 年、2005 年、2010 年、2015 年、2020 年的四川省归一化植被指数空间分布图（图 3.6）。

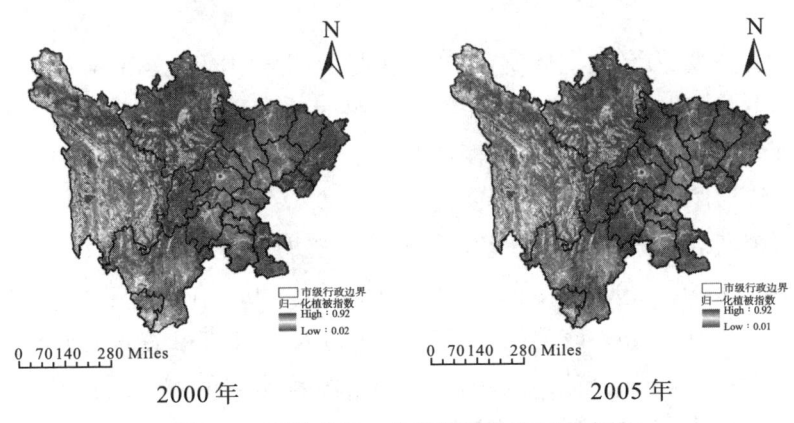

2000 年　　　　　　　　　　　　2005 年

图 3.6　四川省归一化植被指数空间分布图

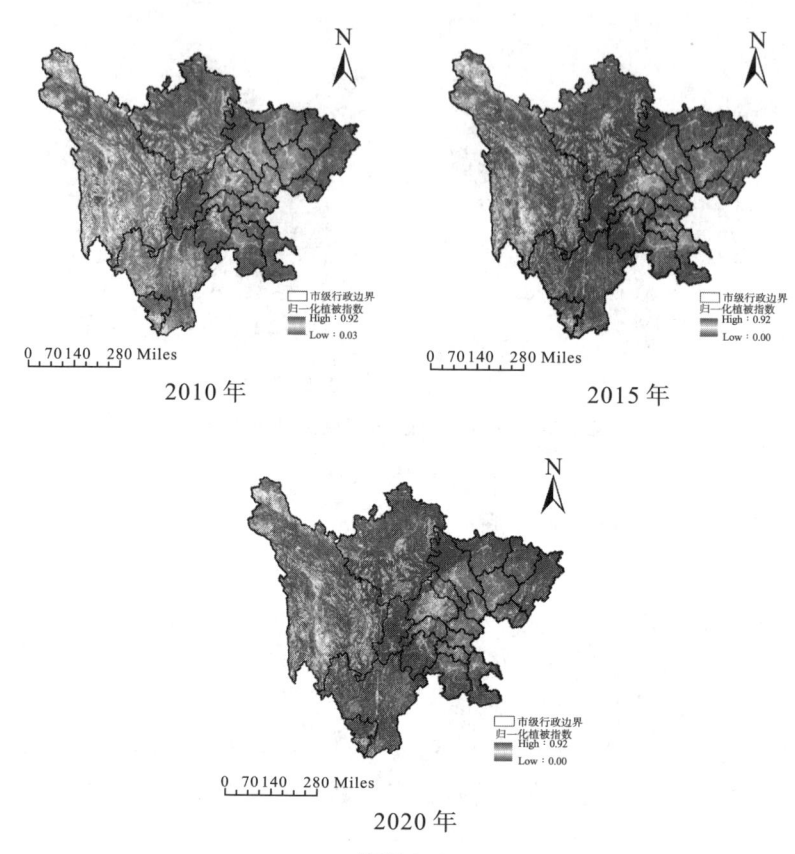

续图 3.6

3.2.6 社会经济数据

四川省省级、市级、县级行政边界矢量数据从中国科学院资源环境科学与数据中心下载而得。运用 ArcGIS 10.6 软件对行政边界矢量数据进行重投影、裁剪等预处理，并根据由自然资源部监制的《中华人民共和国行政区划》进行校正，最终形成四川省行政边界图。

人口密度空间分布数据是从中国科学院资源环境科学与数据中心下载而得，包括 2000 年、2005 年、2010 年、2015 年、2020 年五个年份，空间分辨率为 1000 m×1000 m。该数据综合考虑了与人口密切相关的土地利用类型、夜间灯光亮度、居民点密度等多因素，利用多因素权重分配法将以行政区为基本统计单元的人口数据展布到空间格网上，从而实现人口的空间化。运用 ArcGIS 10.6 软件对人口密度空间分布原始数据进行重投影、裁剪等预处理，形成2000年、2005年、2010年、2015年、2020年的四川省人口密度空间分布图（图3.7）。

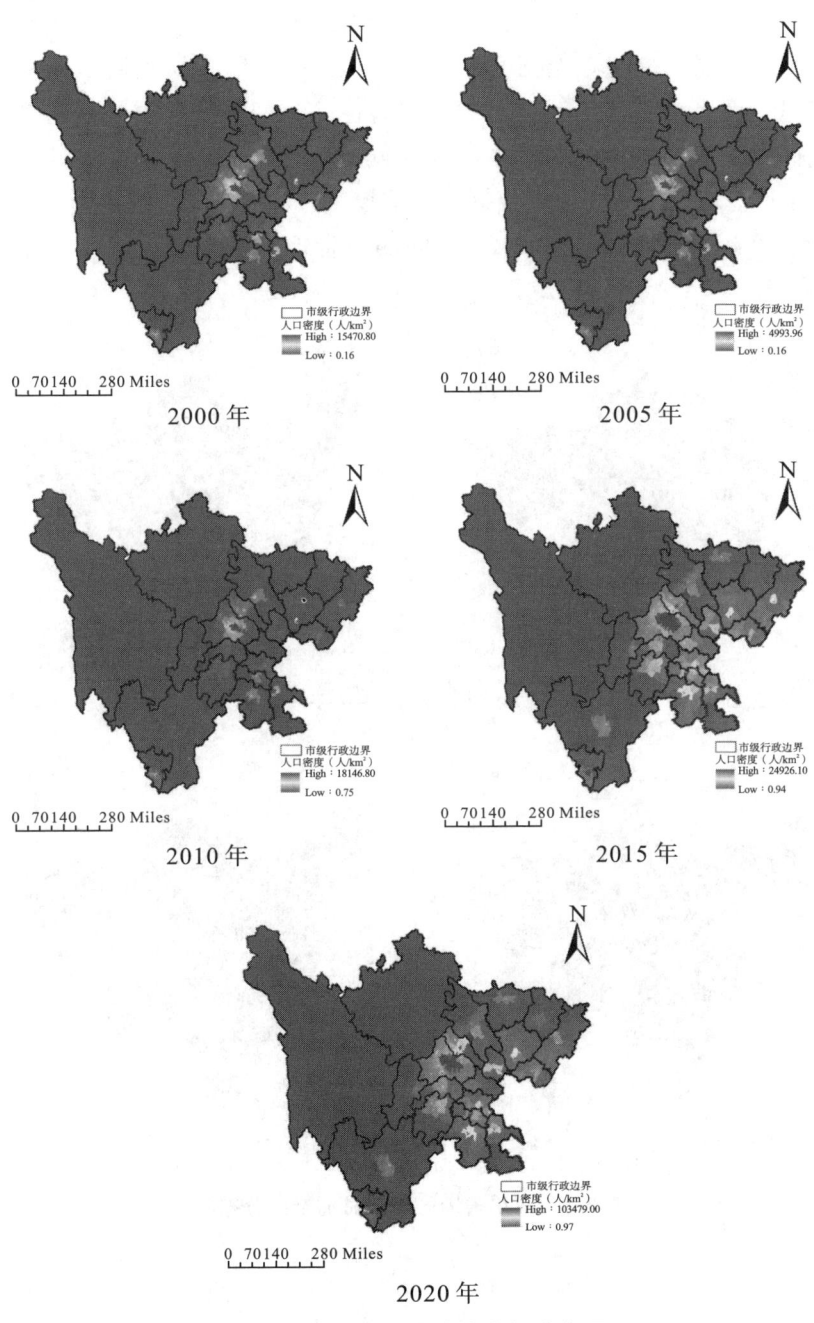

图3.7 四川省人口密度空间分布图

四川省地区生产总值空间分布数据是从中国科学院资源环境科学与数据中心下载而得，包括 2000 年、2005 年、2010 年、2015 年、2020 年五个年份，空间分辨率为 1000 m×1000 m。该数据综合考虑了与人类经济活动密切相关的土地利用类型、夜间灯光亮度、居民点密度等多因素，利用多因素权重分配法将以行政区为基本统计单元的四川省地区生产总值数据展布到空间格网上，从而实现四川省地区生产总值的空间化。运用 ArcGIS 10.6 软件对四川省地区生产总值空间分布原始数据进行重投影、裁剪等预处理，形成 2000 年、2005 年、2010 年、2015 年、2020 年的四川省地区生产总值空间分布图（图3.8）。

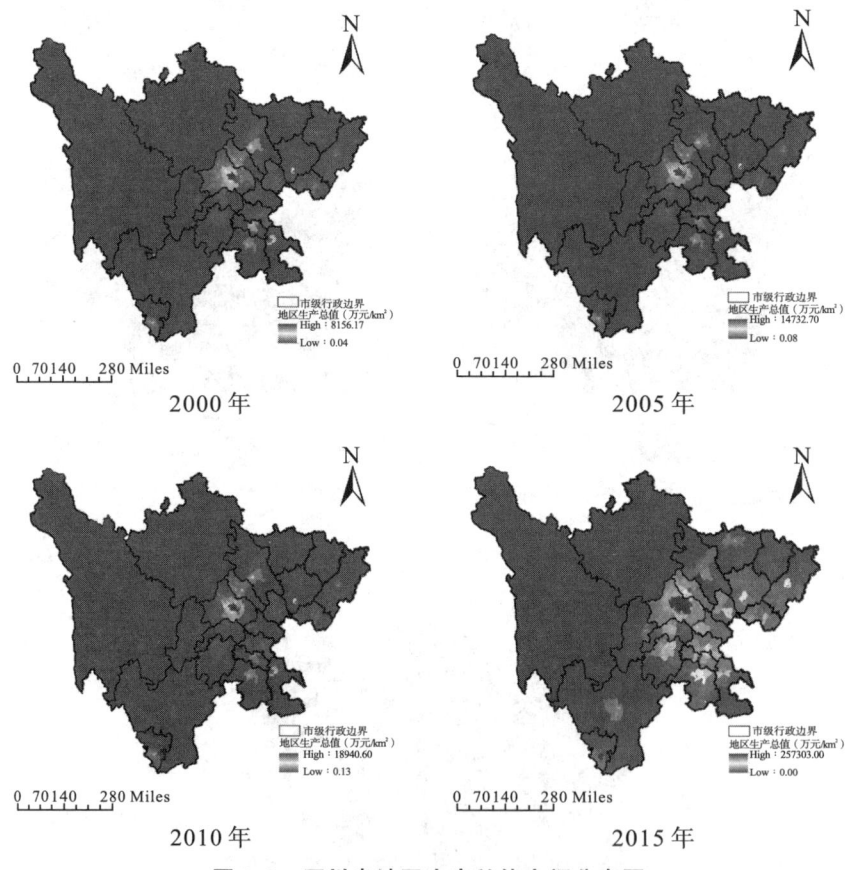

图 3.8　四川省地区生产总值空间分布图

3 研究区概况与基础数据

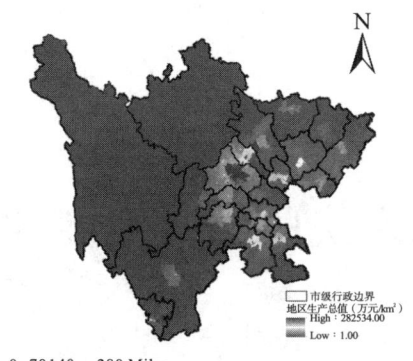

2020 年
续图 3.8

考虑到本书所需数据较多,分辨率大小不一致会影响后续的计算结果分析,因此在 ArcGIS 10.6 软件中通过重采样工具将上述得到的四川省空间栅格数据统一到 WGS-1984 坐标系,空间分辨率统一为 1000 m×1000 m。

4 区域生态系统服务时空变化研究

4.1 生态系统服务的量化评估方法

生态系统服务分类体系繁多,且同一区域生态系统提供的众多生态系统服务类型并非处于同一水平上,因此,关注几项关键生态系统服务是比较合理的。本书综合考虑了区域生态环境特征、典型生态问题、数据可得性及计算方法可行性,结合前人已有研究成果,从供给服务、调节服务以及支持服务三类服务中选择五项主要生态系统服务,即水生产、土壤保持、净初级生产力、碳固持和生境质量(表4.1)。本节先阐释每项生态系统服务的具体量化评估方法。

表 4.1 四川省生态系统服务体系及量化评估方法

生态系统服务	服务类型	量化评估方法	单位
水生产	供给服务	InVEST 模型 Water Yield 模块	mm
土壤保持	调节服务	InVEST 模型 Sediment Delivery Ratio 模块	t/hm^2
净初级生产力	支持服务	CASA 模型	gC/m^2
碳固持	调节服务	InVEST 模型 Carbon Storage and Sequestration 模块	Mg/hm^2
生境质量	支持服务	InVEST 模型 Habitat quality 模块	

4.1.1 水生产服务

4.1.1.1 模型原理及评估方法

水生产(Water Yield,WY)是指在一定时间内全部或部分从集水区通过地表水道和地下含水层流出的总水量。采用 InVEST 3.9.0 软件中的 Water Yield 模块，以基于栅格单元的水生产量作为四川省水生产服务的评价指标。该模块以水平衡原理为基础，同时考虑气候、地形、植被、土壤等因素，基于 Budyko 水热耦合平衡假设公式和年降水量，即各栅格单元的降水量与实际蒸散量之差，来确定每个栅格单元的年产水量。目前，国内外众多学者运用该模块定量研究了不同区域的水生产服务，具体计算公式如下：

$$Y_{ij} = \left(1 - \frac{AET_{ij}}{P_i}\right) \times P_i \tag{4-1}$$

式中：Y_{ij} 为土地利用/覆盖类型 j 中栅格单元 i 的年产水量；AET_{ij}；为土地利用/覆盖类型 j 中栅格单元 i 的年实际蒸散量；P_i 为栅格单元 i 的年降水量。

4.1.1.2 参数介绍

根据模型计算原理，对水生产服务评估所需参数如下。

①$\frac{AET_{ij}}{P_i}$：采用 Budyko 曲线方程进行计算。

具体计算公式如下：

$$\frac{AET_i}{P_i} = 1 + \frac{PET_i}{P_i} - \left[1 + \left(\frac{PET_i}{P_i}\right)^\omega\right]^{\frac{1}{\omega}} \tag{4-2}$$

式中：PET_i 为栅格单元 i 的潜在蒸散量，mm；ω 为自然土壤特征的非物理参数。

②潜在蒸散量：潜在蒸散量是指在理想状态下某一区域的水分蒸散发能力。

具体计算公式如下：

$$PET_i = K_j(l_i) \times ET_0(i) \tag{4-3}$$

式中：$K_j(l_i)$ 为土地利用/覆盖类型 j 中栅格单元 i 的植被蒸散系数；$ET_0(i)$ 为参考蒸散量，mm。

参考 InVEST 模型和前人已有研究成果，研究区不同土地利用/覆被类型的植被蒸散系数见表 4.2。

表 4.2　不同土地利用/覆被类型的植被蒸散系数

植被蒸散系数	耕地	林地	草地	水域	建设用地	未利用地
$K_j(l_i)$	0.75	1.00	0.65	1.00	0.30	0.20

③参考蒸散量：参考蒸散量是指太阳辐射或者风为水分蒸发提供的能量。具体计算公式如下：

$$ET_0(i) = 0.0023 \times R_a(i) \times T_D(i)^{\frac{1}{2}} \times (T_A(i) + 17.8) \quad (4-4)$$

式中：$R_a(i)$ 为太阳大气顶层辐射，MJ/（m²·a）；$T_D(i)$，$T_A(i)$ 分别为日最高与最低气温均值的差值和平均值，℃。

④ω 由以下公式计算得出。

$$\omega(i) = \frac{AWC(i) \times Z}{P_i} + 1.25 \quad (4-5)$$

式中：Z 为 Zhang 系数，默认值是 9.433；$AWC(i)$ 为土壤有效含水量，mm。

⑤土壤有效含水量由以下公式计算得出：

$$AWC(i) = \text{Min}[SoilDepth(i), RootDepth(i)] \times PAWC(i) \quad (4-6)$$

式中：$SoilDepth(i)$ 为最大土壤深度，mm；$RootDepth(i)$ 为根系深度；$PAWC(i)$ 为植被可利用水量，mm。

参考 InVEST 模型指导手册和前人已有的研究成果，研究区耕地、林地、草地等类型的最大土壤深度见表 4.3。

表 4.3　最大土壤深度

变量	耕地	林地	草地	水域	建设用地	未利用地
最大土壤深度/mm	2000.00	5200.00	2600.00	1000.00	500.00	300.00

⑥植被可利用水率：植被可利用水率是指土壤中能够被植物根系所吸收的水分的比率，与土壤深度和土壤的物理化学性质有关。植被可利用水率利用 Zhou 等提出的方法计算。具体计算公式如下：

$$\begin{aligned}PAWC(i) = & 54.509 - 0.132 \times P_{sand} - 0.003 \times (P_{sand})^2 - 0.055 \times P_{silt} - \\ & 0.006 \times (P_{silt})^2 - 0.738 \times P_{clay} + 0.007 \times (P_{clay})^2 - \\ & 2.668 \times P_{om} + 0.501 \times P_{om}^2\end{aligned} \quad (4-7)$$

式中：P_{sand}、P_{silt}、P_{clay}、P_{om}分别为土壤沙砾、粉粒、黏粒和有机质含量，%。

4.1.2 土壤保持服务

4.1.2.1 模型原理及评估方法

土壤保持（Soil Conservation，SC）是指生态系统（如森林、草地等）通过植物根系的拦截、吸收、渗透和固定，减少水蚀造成的土壤侵蚀以及拦截来自上游河流、湖泊和水库等沉积物的能力。采用 InVEST 3.9.0 软件中的 Sediment Delivery Ratio（SDR）模块，以栅格单元土壤保持量作为四川省土壤保持服务的评价指标。该模块是借助 GIS 和 RS 技术在通用土壤流失方程（Universal Soil Loss Equation，USLE）基础上改进所形成的。与 USLE 模型相比，修正后的通用土壤流失方程式（the Revised Universal Soil Loss Equation，RUSLE）考虑了地块自身拦截上游沉积物的能力，能够快速反映出土壤侵蚀和流域的泥沙输移空间过程，具有结构简单、适应性高、结果可靠等特点。目前，国内外众多学者运用该模块定量研究了不同区域的土壤保持服务。

土壤保持量（A_c）计算公式如下：

$$A_c = A_r - A_p \tag{4-8}$$

潜在土壤侵蚀量（A_r）计算公式如下：

$$A_r = R \times K \times L \times S \tag{4-9}$$

实际土壤侵蚀量（A_p）计算公式如下：

$$A_p = R \times K \times L \times S \times C \times P \tag{4-10}$$

式中：A_c 为土壤保持量，t/hm²；A_r 为潜在土壤侵蚀量，t/hm²；A_p 为实际土壤侵蚀量，t/hm²；R 为降水侵蚀力因子，MJ·mm/(hm²·h·a)；K 为土壤可蚀性因子，t·hm²·h/(hm²·MJ·mm)；L 与 S 分别表示坡长、坡度因子，无量纲；C 为植被覆盖与管理因子，无量纲；P 为水土保持措施因子，无量纲。

4.1.2.2 参数介绍

根据模型计算原理，对土壤保持服务评估所需参数如下。

①降水侵蚀力：降水侵蚀力是指雨水对地表直接冲刷引起地表土壤大量剥离、移动的可能性，主要由降水量、降水强度等降水特征所决定。基于研究区的特点和现有的数据，采用 Wischmeier 等提出的月尺度公式来计算降水侵蚀力因素。具体计算公式如下：

$$R = \sum_{i=1}^{12}(1.735 \times 10^{1.5 \times \lg \frac{P_i^2}{P} - 0.8188}) \quad (4-11)$$

式中：P_i 为月均降水量，mm；P 为年均降水量，mm。

②土壤可蚀性因素：土壤可蚀性因素是指降水或流水对土壤所造成的冲击、搬运和侵蚀等作用的大小程度。采用 Williams 等提出的 EPIC 模型来计算土壤可蚀性因素。具体计算公式如下：

$$K = 0.1317 \times \left\{0.2 + 0.3 \times \exp\left[-0.0256 \times SAN \times \left(1.0 - \frac{SIL}{100}\right)\right]\right\} \times$$

$$\left(\frac{SIL}{CLA + SIL}\right)^{0.3} \times \left[1.0 - \frac{0.25 \times C}{C + \exp(3.72 - 2.95C)}\right] \times$$

$$\left[1.0 - \frac{0.7SN}{SN + \exp(-5.51 + 22.9SN)}\right] \quad (4-12)$$

$$SN = 1 - \frac{SAN}{100} \quad (4-13)$$

式中：SAN、SIL、CLA 和 C 分别为土壤砂粒含量、土壤粉粒含量、土壤黏粒含量以及土壤有机质含量，%。

③坡长、坡度因素：地形因素在土壤侵蚀估算模型中非常重要，其坡度及坡长会影响区域的地表径流量及径流速率，因此地形因素是土壤侵蚀评估模型中必须考虑的一环。坡长、坡度的增加会加速坡面水流的速率，随之被剥离、迁移的土壤量会增多，土壤侵蚀效应会越显著。因此，坡长、坡度因素实际反映了地形地貌对土壤侵蚀的影响程度。根据高程数据，采用以下公式在 ArcGIS 10.6 软件中进行坡长、坡度提取。

坡长因素 L 的计算公式如下：

$$L = \left(\frac{\lambda}{22.13}\right)^m \quad (4-14)$$

$$m = \frac{\beta}{1 + \beta} \quad (4-15)$$

$$\beta = \frac{\frac{\sin\theta}{0.0896}}{3.0 \times \sin\theta^{0.8} + 0.56} \quad (4-16)$$

式中：λ 为坡长，m，θ 为坡度，°。

坡度因素 S 的计算公式如下：

$$S = \begin{cases} 10.18\sin\theta + 0.03 & \theta < 5° \\ 16.8\sin\theta - 0.05 & 5° \leqslant \theta \leqslant 10° \\ 21.91\sin\theta - 0.96 & \theta > 10° \end{cases} \quad (4-17)$$

式中：S 为坡度因子，θ 为坡度，°。

④植被覆盖因素：植被覆盖因素是指在其他条件一定的情况下，长有林地、草地等植被或种植某种特定作物的土壤的流失总量与没有生长任何植被或特定作物的土壤的流失总量之比，这一指标实际上反映了植被或特定作物保护土壤、避免土壤遭到来自外力冲击的效果。植被覆盖因素值处于区间[0,1]之间，其值越小表明植被或特定作物避免土壤遭到来自外力冲击的效果越好。参考 InVEST 模型指导手册和前人已有研究成果，研究区不同土地利用/覆被类型的植被覆盖因素值见表 4.4。

表 4.4 不同土地利用/覆被类型的植被覆盖因素值

变量	耕地	林地	草地	水域	建设用地	未利用地
植被覆盖因素值	0.20	0.05	0.30	0.00	0.00	1.00

⑤水土保持措施因素：水土保持措施因素是指在其他条件一定的情况下，实施了坡面保护、生物篱笆、石土工程等水土流失控制与保护措施的土壤的流失总量与没有采取任何水土流失控制与保护措施的土壤的流失总量之比，这一指标实际上反映了水土流失控制与保护措施避免土壤遭到来自外力冲击的效果。水土保持措施因素值在[0,1]之间，其值越小表明采取的水土保持工程措施越有效，水土流失控制与保护措施避免土壤遭到来自外力冲击的效果越强。参考 InVEST 模型指导手册和前人已有的研究成果，研究区不同土地利用/覆被类型的水土保持措施因素值见表 4.5。

表 4.5 不同土地利用/覆被类型的水土保持措施因素值值

变量	耕地	林地	草地	水域	建设用地	未利用地
水土保持措施因素值	0.15	1.00	1.00	0.00	1.00	1.00

4.1.3 净初级生产力服务

4.1.3.1 模型原理及评估方法

植被净初级生产力（Net Primary Productivity，NPP）是指在一定时间和空间范围内，植被通过光合作用所产生的能量与植被在自我生长、繁殖过程中所使用的能量的差值。采用 Carnegie-Ames-Stanford approach（CASA）模型来模拟植被净初级生产力。该模型以植被的生理过程为基础，并充分考虑了植被所吸收的光合有效辐射与光能利用率。因其参数简便性和实用性的优点，该模型在区域植被净初级生产力的估算、模拟以及碳循环研究中应用广泛，是目前植被净初级生产力估算中应用较多的模型之一。

植被净初级生产力的计算公式如下：

$$NPP(x,t) = APAR(x,t) \times \varepsilon(x,t) \quad (4-18)$$

式中：x 表示空间位置；t 表示时间，单位为月；$NPP(x,t)$ 为栅格单元 x 在 t 月的植被净初级生产力，gC/m^2；$APAR(x,t)$ 为栅格单元 x 在 t 月所吸收的光合有效辐射，MJ/m^2；$\varepsilon(x,t)$ 为栅格单元 x 在 t 月的实际植被光能利用率，gC/MJ。

4.1.3.2 参数介绍

模型计算原理中各参数因素的计算公式如下。

①光合有效辐射：光合有效辐射是指参与到绿色植被光合作用过程中的太阳辐射能。

具体计算公式如下：

$$APAR(x,t) = SOL(x,t) \times FPAR(x,t) \times 0.5 \quad (4-19)$$

式中：$SOL(x,t)$ 为 x 栅格单元在 t 月的太阳总辐射量，MJ/m^2；$FPAR(x,t)$ 为植被对光合有效辐射的吸收率；0.5 为植被利用的太阳有效辐射与太阳总辐射的比值。

②植被对光合有效辐射的吸收率：由于在一定范围内，$FPAR$ 与 $NDVI$ 之间存在线性关系，因此，绿色植被对光合有效辐射的吸收率可以通过归一化植被指数进行估算。

具体计算公式如下：

$$FPAR(x,t) = \frac{NDVI(x,t) - NDVI_{i,\min}}{NDVI_{i,\max} - NDVI_{i,\min}} \times$$
$$(FPAR_{\max} - FPAR_{\min}) + FPAR_{\min} \quad (4-20)$$

式中：$NDVI_{i,\min}$，$NDVI_{i,\max}$ 分别为第 i 类型植被的归一化植被指数的最小值、最大值；$FPAR_{\min}$、$FPAR_{\max}$ 分别为植被对光合有效辐射的吸收率的最小值、最大值，与植被类型无关，取值分别为 0.001 和 0.95。

③光能利用率：光能利用率是指在一定时间和空间范围内，绿色植被自身所吸收的太阳辐射能够被分解、转换为有机碳的效率。一般情况下，光能利用率受温度、湿度以及太阳辐射的影响。

具体计算公式如下：

$$\varepsilon(x,t) = T_{\varepsilon1}(x,t) \times T_{\varepsilon2}(x,t) \times W_\varepsilon(x,t) \times \varepsilon_{\max} \quad (4-21)$$

式中：$T_{\varepsilon1}(x,t)$ 和 $T_{\varepsilon2}(x,t)$ 分别为低温胁迫因子和高温胁迫因子；$W_\varepsilon(x,t)$ 为水分胁迫系数；$\varepsilon_{\max}(x,t)$ 为理想条件下的最大光能利用率（gC/MJ）。

④低温胁迫因素和高温胁迫因素 $T_{\varepsilon1}(x,t)$，$T_{\varepsilon2}(x,t)$：$T_{\varepsilon1}(x,t)$ 反映的是在低温条件下，由于内在生化作用对光合作用的限制而引起的第一性生产力的降低，$T_{\varepsilon2}(x,t)$ 反映的是植被光能利用率随着温度从最适宜到最高而逐渐减小的趋势。具体的计算公式如下：

$$T_{\varepsilon1}(x,t) = 0.8 + 0.02 \times T_{opt}(x) - 0.0005 \times [T_{opt}(x)]^2 \quad (4-22)$$

式中：$T_{opt}(x)$ 为植被生长时的最适温度，是根据植被 $NDVI$ 值达到最大时所在月份的平均气温求得。

$$T_{\varepsilon2}(x,t) = \frac{1.184}{\{1 + \exp[0.2 \times (T_{opt}(x) - 10 - T(x,t))]\}} \times$$
$$\frac{1}{\{1 + \exp[0.3 \times (-T_{opt}(x) - 10 + T(x,t))]\}} \quad (4-23)$$

式中：$T(x,t)$ 为栅格单元 x 在 t 月的月平均气温。

当某一月的 $T(x,t)$ 比最适温度 $T_{opt}(x)$ 高 10℃或低 13℃ 时，该月的 $T_{\varepsilon2}(x,t)$ 等于 $T(x,t)$ 为最适温度 $T(x,t)$ 时 $T_{\varepsilon2}(x,t)$ 值的 0.5 倍。

⑤水分胁迫因素：水分胁迫因素反映了植被可利用的有效水分条件对光能利用率的影响。

具体计算公式如下：

$$W_\varepsilon(x,t) = \frac{0.5 + 0.5 \times EET(x,t)}{PET(x,t)} \tag{4-24}$$

式中：$W_\varepsilon(x,t)$ 在极干旱条件到极湿润条件的取值处于 [0.5, 1] 之间；$EET(x,t)$ 为实际蒸散量，mm；$PET(x,t)$ 是指潜在蒸散量，mm。

⑥最大光能利用率：最大光能利用率是指绿色植物在理想条件下对光能的最大利用程度。参考前人已有的研究成果，不同土地利用/覆被类型的最大光能利用率见表 4.6。

表 4.6 不同土地利用/覆被类型的最大光能利用率

最大光能利用率	耕地	林地	草地	水域	建设用地	未利用地
ε_{max}	0.54	0.98	0.54	0.54	0.54	0.54

4.1.4 碳固持服务

4.1.4.1 模型原理及评估方法

碳固持是土壤和植物所提供的重要生态系统服务之一，在调节全球气候和碳循环方面发挥着重要作用。陆地生态系统的总碳固持量主要取决于四大基本碳库：地上生物碳、地下生物碳、土壤碳和死亡有机碳。采用 InVEST 3.9.0 软件中的 Carbon Storage and Sequestration（CSS）模块，以土地利用/覆被类型为评估单元，以不同土地利用/覆被类型中四大碳库的平均碳密度与各自评估单元的面积的乘积来表示区域生态系统总碳储量。在该模块中，地上生物碳包括土壤以上所有活体植物中的碳；地下生物碳是指植物活根中的碳；土壤碳是指土壤和矿质土壤中的有机碳；死亡有机碳是指凋落物及枯木中所储存的碳。目前，国内外众多学者运用该模块定量研究了不同区域的碳固持服务。

总碳固持量计算公式如下：

$$C_{total} = C_{above} + C_{below} + C_{soil} + C_{dead} \tag{4-25}$$

式中：C_{total} 为总碳固持量，t/hm²；C_{above} 为地上生物碳固持量，t/hm²；C_{below} 为地下生物碳固持量，t/hm²；C_{soil} 为土壤碳固持量，t/hm²）；C_{dead} 为有机质碳固持量，t/hm²。

4.1.4.2 参数介绍

平均碳密度是 CSS 模块中评估碳固持量非常重要的一个输入参数，参考已有的研究成果，研究区不同土地利用/覆被类型平均碳密度见表 4.7。

表 4.7 不同土地利用/覆被类型四种碳库的平均碳密度（t/hm²）

类型	地上平均碳密度	地下平均碳密度	土壤平均碳密度	有机质平均碳密度
耕地	5.97	1.14	108.40	1.00
林地	25.73	11.87	180.40	5.85
草地	0.63	2.82	99.90	0.19
水域	3.70	6.55	275.00	1.23
建设用地	0.00	0.00	13.80	0.00
未利用地	0.00	0.00	13.20	0.00

4.1.5 生境质量服务

4.1.5.1 模型原理及评估方法

生境质量是指生态系统为个体和种群生存与繁衍提供适宜条件的能力，主要取决于栖息地与人类土地利用的接近程度以及这些土地利用的强度。可以基于不同土地利用/覆被类型对生物多样性的威胁程度来评估四川省生境质量。采用 InVEST 3.9.0 软件中的 Habitat Quality 模块，利用不同土地利用/覆被类型或生境类型的威胁因素敏感度和外界威胁强度，同时考虑到威胁的影响距离、空间权重、法律保护的可用性等因素。目前，国内外众多学者运用该模块定量研究了不同区域的生境质量服务。

生境质量指数计算公式如下：

$$Q_{ij} = H_j \left[1 - \left(\frac{D_{ij}^z}{D_{ij}^z + k^z} \right) \right] \qquad (4-26)$$

式中：Q_{ij} 为土地利用/覆被类型（生境类型）j 中栅格单元 i 的生境质量指数；H_j 为土地利用/覆被类型 j 的生境适宜度；D_{ij} 为土地利用/覆被类型（生境类型）j 中栅格单元 i 所受威胁水平因子；k 为半饱和常数，通常取 D_{ij} 最大值的一半；z 为归一化常数，通常取值 2.5。

4.1.5.2 参数介绍

模型计算原理中各参数因素的计算公式如下。

① 威胁水平因素可通过以下计算公式获得：

$$D_{ij} = \sum_{r=1}^{R} \sum_{y=1}^{Y_r} \left(\frac{W_r}{\sum_{r=1}^{R} W_r} \right) r_y i_{ry} \beta_i S_{jr} \quad (4-27)$$

式中：r 为威胁因子；R 为威胁因子总和；y 为威胁因子 r 栅格图层的栅格数；Y_r 为威胁因子总栅格数；W_r 为威胁因子的权重，表示某一威胁因子对所有生境的相对破坏力，其值在 [0, 1] 之间；r_y 为栅格 y 的威胁因子值（0 或 1）；i_{ry} 为栅格 y 的威胁因子 r_y 对生境栅格 i 的胁迫水平；β_i 为栅格 i 的可达性水平，其值在 [0, 1] 之间，该值越接近 1 表示越容易到达；S_{jr} 为生境类型 j 对威胁因子 r 的敏感性，其值在 [0, 1] 之间，该值越接近 1 表示越敏感。

综合考虑研究区的生态环境特征及前人的研究成果，选取以下几类威胁因素，并确定各威胁因素的胁迫强度及其最大胁迫距离（表 4.8）。在 ArcGIS 10.6 软件中，利用土地利用/覆被数据提取各项生态威胁源头，生成威胁因素空间分布图。

表 4.8 威胁因素属性表

威胁因素	最大影响距离/km	权重	衰减性
国道、省道	2.50	0.60	1
乡道	0.50	0.50	1
居民点	2.50	0.40	0
人口密度	3.50	0.30	0
耕地	1.50	0.60	0
城镇建设用地	6.00	0.80	0
综合生态风险源	3.00	1.00	0

② 威胁水平影响程度因素：在 InVEST 模型中，胁迫水平影响程度因素可以选择线性或指数距离衰减函数来计算。

线性距离衰减函数公式如下：

$$i_{r,\text{linear}} = 1 - \left(\frac{d_{im}}{d_{r,\max}} \right) \quad (4-28)$$

指数距离衰减函数公式如下：

$$i_{r,\exp} = \exp\left[-\left(\frac{2.99}{d_{r,\max}}\right)d_{im}\right] \quad (4-29)$$

式中：d_{im} 为栅格 i 与栅格 m 之间的直线距离；$d_{r,\max}$ 为威胁因素 r 的最大影响距离。

考虑到研究区的实际情况，结合已有的研究成果及专家建议，对不同威胁因素的敏感度进行赋值（表 4.9）。

表 4.9 不同土地利用/覆被类型的生态适宜性及其对不同威胁因素的敏感度

类型	生境适宜度	威胁因素						
		国道、省道	乡道	居民点	人口密度	耕地	城镇建设用地	综合生态风险源
林地	0.80	0.90	0.70	0.50	0.70	0.30	0.60	0.25
草地	0.60	0.70	0.50	0.20	0.50	0.50	0.30	0.44
耕地	0.30	0.50	0.60	0.40	0.80	0.00	0.50	0.57
水域	0.90	0.75	0.65	0.70	0.50	0.10	0.80	0.15
建设用地	0.00	0.00	0.00	0.00	0.95	0.00	0.00	0.60
未利用地	0.00	0.20	0.20	0.10	0.30	0.10	0.10	0.40

4.2 四川省生态系统服务时序变化特征

4.2.1 水生产服务

2000—2020 年四川省水生产总量如图 4.1 所示。2000 年、2005 年、2010 年、2015 年、2020 年四川省的水生产总量分别为 2.97×10^8 mm、4.11×10^8 mm、3.99×10^8 mm、4.13×10^8 mm、4.09×10^8 mm，其中，2015 年水生产总量最高，2000 年水生产总量最低。2000—2020 年期间，四川省水生产总量整体呈现"M"形的变化趋势，与 2000 年相比，四川省 2020 年水生产增加了 1.12×10^8 mm，增幅为 37.71%。

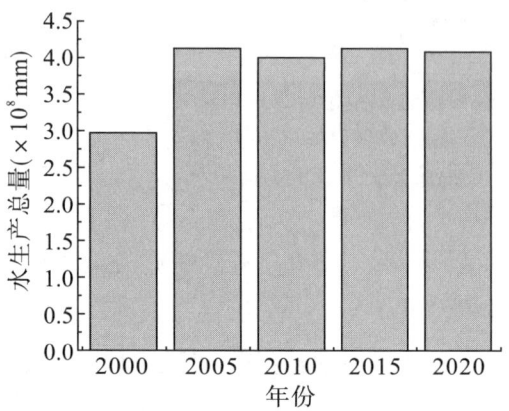

图 4.1 2000—2020 年四川省水生产总量

2000—2020 年四川省水生产栅格平均值如图 4.2 所示。2000 年、2005 年、2010 年、2015 年、2020 年四川省的水生产量栅格平均值分别为 618.98 mm、855.13 mm、830.91 mm、859.11 mm、851.54 mm，其中，四川省 2015 年水生产栅格平均值最高，2000 年水生产栅格平均值最低。2000—2020 年期间，四川省水生产栅格平均值与水生产总量呈现相同的变化趋势，均呈现"M"形的变化趋势，与 2000 年相比，四川省 2020 年水生产栅格平均值增加了 232.56 mm，增幅为 37.57%。

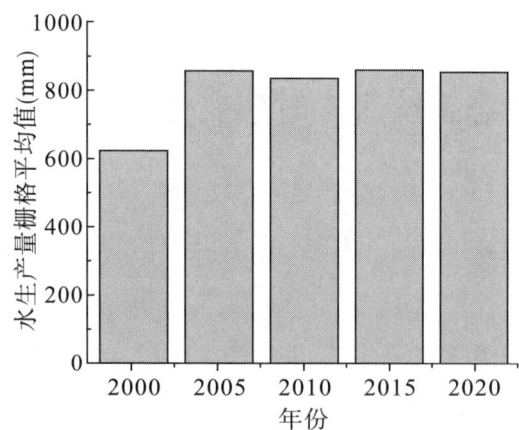

图 4.2 2000—2020 年四川省水生产栅格平均值

4.2.2 土壤保持服务

2000—2020 年四川省土壤保持总量如图 4.3 所示。2000 年、2005 年、2010 年、2015 年、2020 年四川省的土壤保持总量分别为 5.20×10^8 t/hm²、6.43×10^8 t/hm²、5.63×10^8 t/hm²、5.16×10^8 t/hm²、5.14×10^8 t/hm²，其中，四川省 2005 年土壤保持总量最高，2020 年土壤保持总量最低。2000—2020 年期间，四川省土壤保持总量整体呈现先增加而后逐渐下降的变化趋势，与 2000 年相比，四川省 2020 年土壤保持总量减少了 0.06×10^8 t/hm²，减幅为 1.15%。

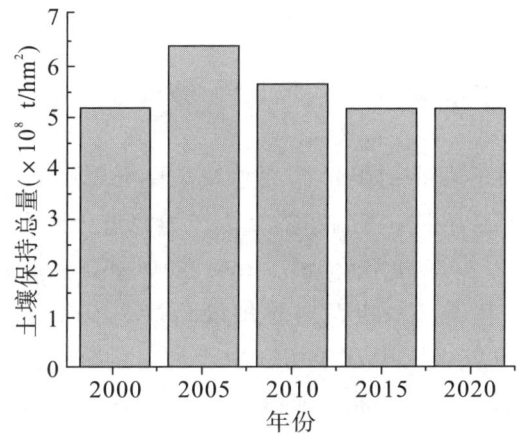

图 4.3　2000—2020 年四川省土壤保持总量

2000—2020 年四川省单位面积土壤保持量如图 4.4 所示。2000 年、2005 年、2010 年、2015 年、2020 年四川省的单位面积土壤保持量分别为 1083.54 t/hm²、1339.10 t/hm²、1171.94 t/hm²、1073.63 t/hm²、1069.97 t/hm²，其中，四川省 2005 年单位面积土壤保持量最高，2020 年单位面积土壤保持量最低。2000—2020 年期间，单位面积土壤保持量与土壤保持总量呈现相同的变化趋势，与 2000 年相比，四川省 2020 年单位面积土壤保持量减少了 13.57 t/hm²，减幅为 1.25%。

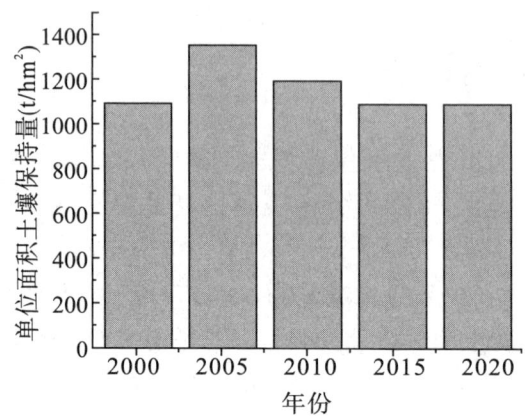

图 4.4　2000—2020 年四川省单位面积土壤保持量

4.2.3　净初级生产力服务

2000—2020 年四川省净初级生产力总量如图 4.5 所示。2000 年、2005 年、2010 年、2015 年、2020 年四川省的净初级生产力总量分别为 2.28×10^9 gC/m^2、2.41×10^9 gC/m^2、2.19×10^9 gC/m^2、2.61×10^9 gC/m^2、2.60×10^9 gC/m^2，其中，四川省 2015 年净初级生产力总量最高，2010 年净初级生产力总量最低。2000—2020 年期间，四川省净初级生产力总量整体呈现"M"形的变化趋势，与 2000 年相比，2020 年净初级生产力总量增加了 0.32×10^9 gC/m^2，增幅为 14.04%。

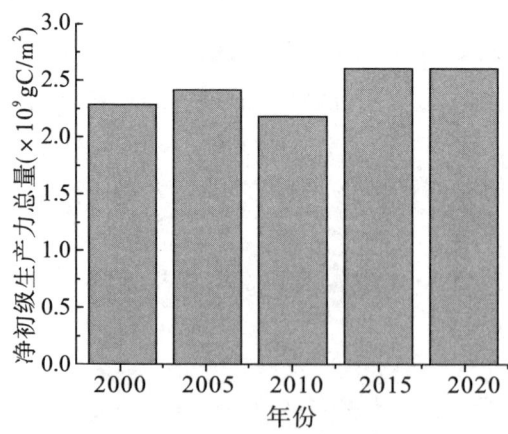

图 4.5　2000—2020 年四川省净初级生产力总量

2000—2020 年四川省单位面积净初级生产力如图 4.6 所示。2000 年、2005 年、2010 年、2015 年、2020 年四川省的单位面积净初级生产力分别为 474.48 gC/m^2、501.55 gC/m^2、455.42 gC/m^2、542.98 gC/m^2、540.66 gC/m^2，其中，四川省 2015 年单位面积净初级生产力最高，2010 年单位面积净初级生产力最低。2000—2020 年期间，四川省单位面积净初级生产力与净初级生产力总量呈现相同的变化趋势，与 2000 年相比，四川省 2020 年单位面积净初级生产力增加了 66.18 gC/m^2，增幅为 13.95%。

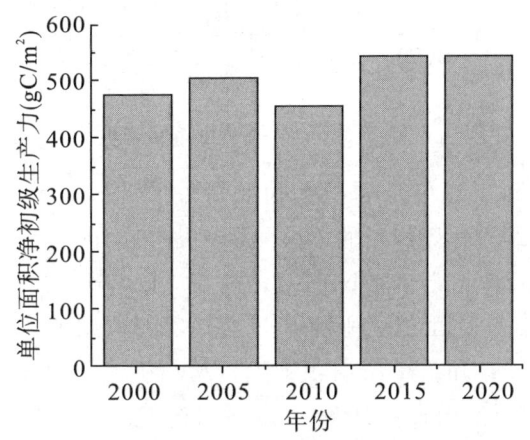

图 4.6　2000—2020 年四川省单位面积净初级生产力

4.2.4　碳固持服务

2000—2020 年四川省碳固持总量如图 4.7 所示。2000 年、2005 年、2010 年、2015 年、2020 年四川省的碳固持总量分别为 7.51×10^9 Mg/hm^2、7.00×10^9 Mg/hm^2、7.48×10^9 Mg/hm^2、7.03×10^9 Mg/hm^2、7.44×10^9 Mg/hm^2，其中，四川省 2000 年碳固持总量最高，2005 年碳固持总量最低。2000—2020 年期间，四川省碳固持总量整体呈现"W"形的变化趋势，与 2000 年相比，四川省 2020 年碳固持总量减少了 0.07×10^9 Mg/hm^2，减幅为 0.93%。

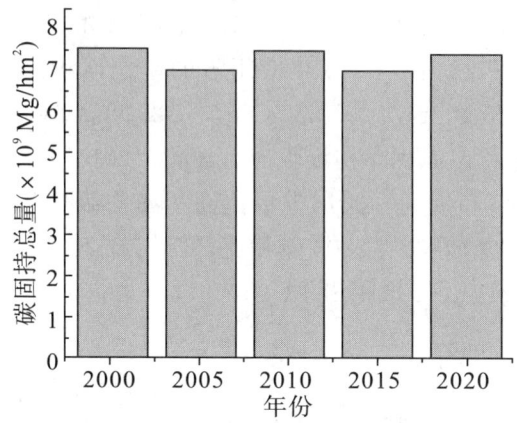

图 4.7 2000—2020 年四川省碳固持总量

2000—2020 年四川省单位面积碳固持量如图 4.8 所示。2000 年、2005 年、2010 年、2015 年、2020 年四川省的单位面积碳固持量分别为 15644.20 Mg/hm²、14577.28 Mg/hm²、15566.66 Mg/hm²、14648.88 Mg/hm²、15484.16 Mg/hm²,其中,四川省 2000 年单位面积碳固持量最高,2005 年单位面积碳固持量最低。2000—2020 年期间,四川省单位面积碳固持量与碳固持总量呈现相同的变化趋势,与 2000 年相比,四川省 2020 年单位面积碳固持量减少了 160.04 Mg/hm²,减幅为 1.02 %。

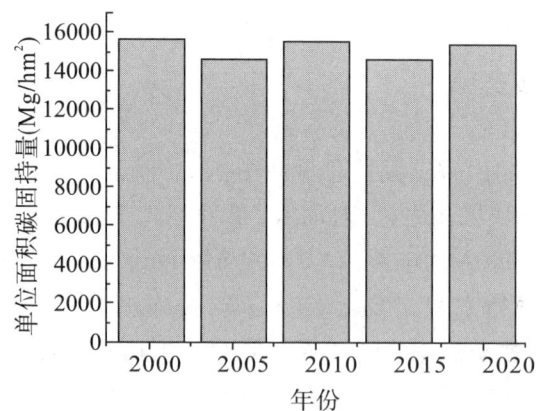

图 4.8 2000—2020 年四川省单位面积碳固持量

4.2.5 生境质量服务

2000—2020 年四川省生境质量指数平均值如图 4.9 所示。生境质量指数的取值范围为 [0，1]，其值越大，生境质量越好。2000 年、2005 年、2010 年、2015 年、2020 年四川省的生境质量指数平均值分别为 0.74、0.69、0.73、0.69、0.72，其中，四川省 2000 年生境质量指数平均值最高，2005 年和 2015 年生境质量指数平均值最低。2000—2020 年期间，四川省生境质量指数平均值整体呈现"W"形的变化趋势，与 2000 年相比，四川省 2020 年生境质量指数平均值减少了 0.02，减幅为 2.70%。

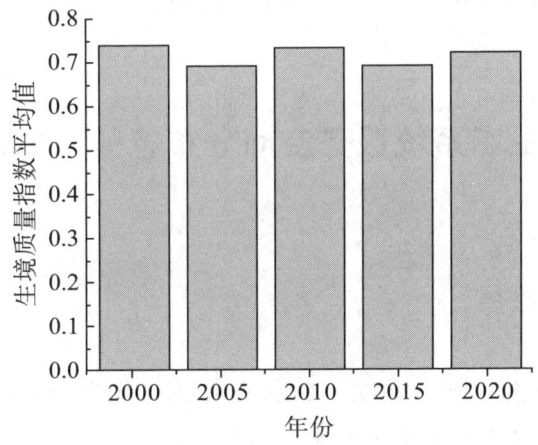

图 4.9 2000—2020 年四川省生境质量指数平均值

生境质量指数标准差反映了各栅格生境质量的值偏离平均值的程度。2000—2020 年四川省生境质量指数标准差如图 4.10 所示。2000 年、2005 年、2010 年、2015 年、2020 年四川省的生境质量指数标准差分别为 0.26、0.27、0.26、0.27、0.26。2000—2020 年期间，四川省生境质量指数标准差与生境质量指数平均值呈现不同的变化特征，变化趋势不显著。

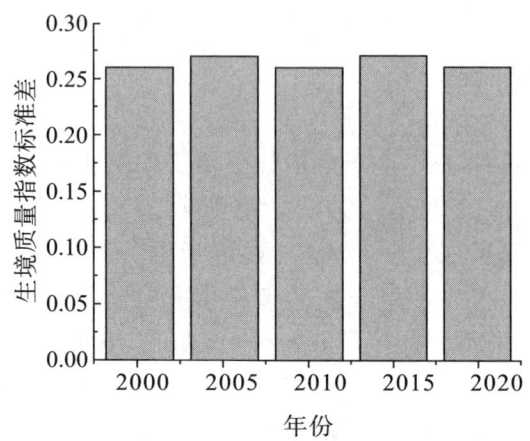

图 4.10 2000—2020 年四川省生境质量指数标准差

4.3 四川省生态系统服务空间分布特征

4.3.1 水生产服务

利用 InVEST 模型计算 2000—2020 年四川省水生产服务，其空间分布如图 4.11 所示。从整体空间分布来看，2000 年、2005 年、2010 年、2015 年、2020 年四川省的水生产服务的空间异质性特征明显，整体呈现出由西北向东南递增的空间分布规律。水生产服务的空间分布格局与年降水量的空间分布格局基本保持一致，其高值区多位于川东南地区和川东地区等降水最充沛的地区，而低值区则集中在川西北地区的阿坝藏族羌族自治州和甘孜藏族自治州等降水较少的区域。

从空间变化上看，2000 年、2005 年、2010 年、2015 年、2020 年四川省的水生产服务的空间分布格局变化较为显著。2000 年，四川省水生产服务的高值区域主要分布在四川盆地的东南边缘地区，包括泸州市、宜宾市东部、自贡市东部、内江市东部、资阳市东部、遂宁市和广安市。2005 年后，水生产服务高值区域开始向四川盆地的西南、东北方向拓展，主要分布在四川盆地西南部的雅安市、乐山市等地区，四川盆地东南地区的宜宾市等地区以及东北部的巴中市、达州市等地区。四川省 2010 年、2015 年水生产服务高值区域空间

4 区域生态系统服务时空变化研究

分布格局与 2005 年较为相似，主要分布在除广元市、绵阳市以外的整个四川盆地。到了 2020 年，四川省水生产服务高值区域空间分布相较于 2015 年发生了显著变化，已经从 2015 年的整个四川盆地范围缩小到四川盆地的西南部分地区，主要包括雅安市的中部和乐山市西部地区，同时在南部地区有增加的趋势。

2000 年，四川省水生产服务的低值区主要集中在川西北地区，主要包括阿坝藏族羌族自治州和甘孜藏族自治州。2005 年后，四川省水生产服务低值区开始向西北、北部方向转移，主要集中在阿坝藏族羌族自治州和甘孜藏族自治州的西部、北部边缘地区。2010 年、2015 年、2020 年四川省水生产服务低值区空间分布特征与 2005 年较为相似，主要分布在阿坝藏族羌族自治州和甘孜藏族自治州的西部、北部边缘地区。

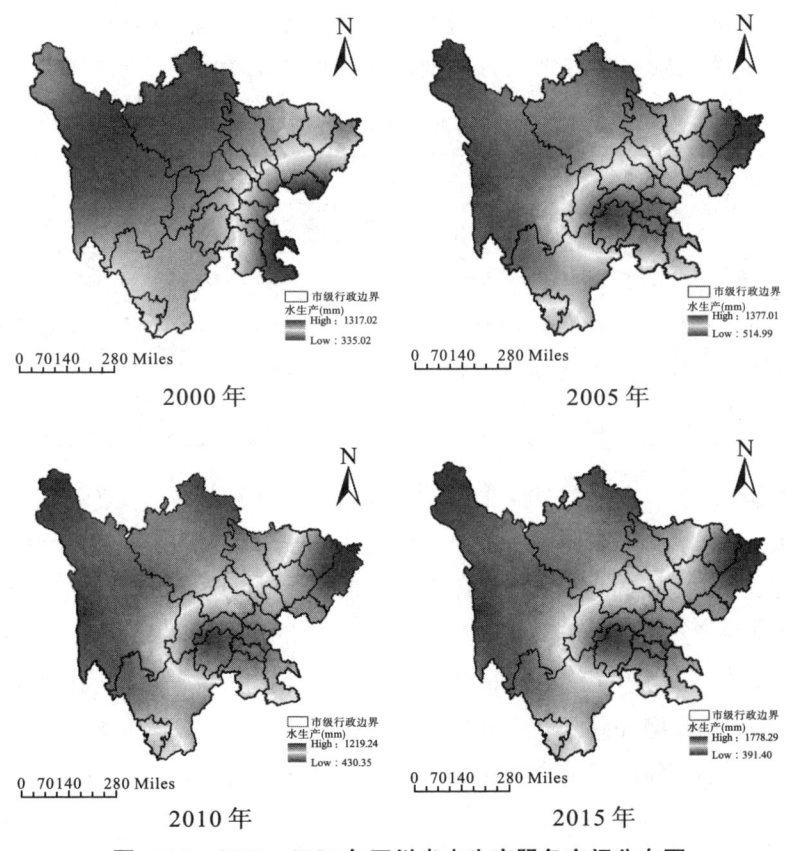

图 4.11　2000—2020 年四川省水生产服务空间分布图

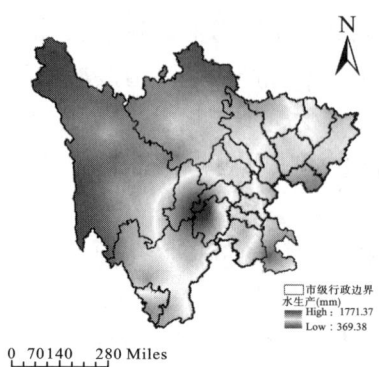

2020年

续图 4.11

为进一步明确水生产服务的空间分布变化情况，在 ArcGIS 10.6 软件中通过自然断点法将 2000—2020 年四川省水生产服务划分为 Ⅰ 级、Ⅱ 级、Ⅲ 级、Ⅳ 级四个级别，各级别划分范围及面积见表 4.10。

表 4.10 2000—2020 年四川省水生产服务级别划分范围及面积

级别	划分范围（mm）	面积（km²）				
		2000 年	2005 年	2010 年	2015 年	2020 年
Ⅰ 级	≤554.00	201369.00	3724.00	43753.00	47866.00	49548.00
Ⅱ 级	554.01~739.00	198172.00	167884.00	117590.00	119500.00	120149.00
Ⅲ 级	739.01~962.00	53270.00	168363.00	180806.00	149587.00	155040.00
Ⅳ 级	≥962.01	31953.00	144793.00	142615.00	167811.00	160027.00

根据表 4.10 可知，2000—2020 年期间，水生产服务 Ⅰ 级面积整体呈现大幅减少的变化趋势，由 201369.00 km² 减少到了 49548.00 km²，共减少了 151821.00 km²，降幅为 75.39%；水生产服务 Ⅱ 级面积整体呈现下降的变化趋势，由 198172.00 km² 下降到了 120149.00 km²，共减少了 78023.00 km²，降幅为 39.37%；水生产服务 Ⅲ 级面积呈现先增加后减少的变化趋势，整体由 53270.00 km² 增加到了 155040.00 km²，共增加了 101770.00 km²，增幅为 191.05%；水生产服务 Ⅳ 级面积整体呈现增加的变化趋势，由 31953.00 km² 增加到了 160027.00 km²，共增加了 128074.00 km²，增幅为 400.82%。总的来看，2000—2020 年期间四川省水生产服务 Ⅰ 级和 Ⅱ 级面积存在较大幅度的下降，而水生产服务 Ⅲ 级和 Ⅳ 级面积呈现较大幅度的增加，水生产服务供给能力有所增强。

4.3.2 土壤保持服务

利用 RUSLE 模型计算 2000—2020 年四川省的土壤保持服务，其空间分布如图 4.12 所示。从整体空间分布来看，2000 年、2005 年、2010 年、2015 年、2020 年四川省的土壤保持服务具有较为明显的空间异质性特征，表现出由西南向东北减少的空间分布规律。土壤保持服务的低值区和中值区分布广泛，而高值区则分布相对集中，主要位于研究区的南部和西南部地区。

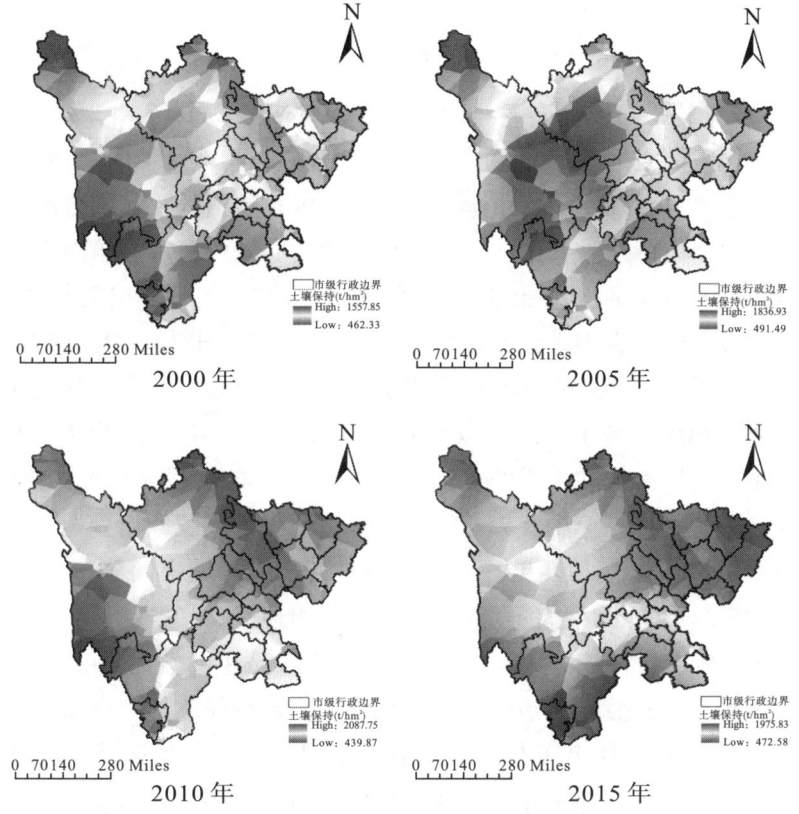

图 4.12　2000—2020 年四川省土壤保持服务空间分布图

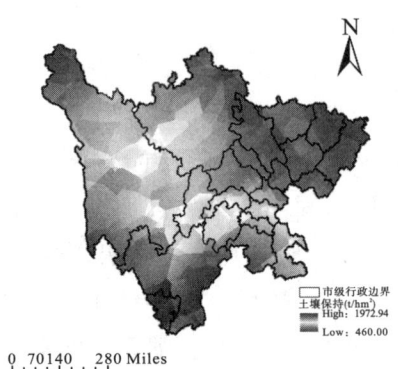

2020年

续图 4.12

从空间变化上看，2000年、2005年、2010年、2015年、2020年四川省的土壤保持服务的空间分布格局变化较为显著。2000年，四川省土壤保持服务高值区域主要分布在四川省中部和西南部地区，包括甘孜藏族自治州、阿坝藏族羌族自治州南部、雅安市、凉山彝族自治州、攀枝花市、乐山市、宜宾市和泸州市。2005年，四川省土壤保持服务高值区域空间分布格局与2000年相似，主要分布在四川省中部和西南部地区。但2010年开始，土壤保持服务高值区空间范围明显减小，主要聚集在四川省西南部分地区，包括甘孜藏族自治州南部、凉山彝族自治州的南部以及攀枝花市。2015年，四川省土壤保持服务高值区呈现为东南方向扩张的变化趋势，主要分布在甘孜藏族自治州西部、甘孜藏族自治州南部、凉山彝族自治州、攀枝花市，以及四川盆地东南部的宜宾市和泸州市。2020年，四川省土壤保持服务高值区域空间分布特征与2015年相似，主要分布在四川省的西南、南部和东南地区。

2000—2005年，四川省土壤保持服务低值区域主要分布在四川省的北部边缘地区，包括甘孜藏族自治州、阿坝藏族羌族自治州北部、绵阳市北部、巴中市和达州市。从2010年开始，四川省土壤保持服务低值区域在原有基础上向四川省的中部地区明显扩张，主要包括成都市、资阳市、眉山市、乐山市及雅安市。2010—2020年，土壤保持服务低值区域覆盖了整个中部和东北部地区，主要包括阿坝藏族羌族自治州北部、绵阳市、广元市、巴中市、达州市、广安市等地区。

为进一步明确四川省土壤保持服务的空间分布变化情况，在ArcGIS 10.6软件中通过自然断点法将2000—2020年四川省土壤保持服务划分为Ⅰ级、Ⅱ级、Ⅲ级、Ⅳ级四个级别，各级别划分范围及面积见表4.11。

表 4.11　2000—2020 年四川省土壤保持服务级别划分范围及面积

级别	划分范围（mm）	面积（km^2）				
		2000 年	2005 年	2010 年	2015 年	2020 年
Ⅰ级	≤910.00	116725.00	26753.00	108765.00	176481.00	176576.00
Ⅱ级	910.01~1107.00	145738.00	65723.00	117831.00	104634.00	105119.00
Ⅲ级	1107.01~1288.00	129693.00	103580.00	117558.00	65826.00	65715.00
Ⅳ级	≥1288.01	92608.00	288708.00	140610.00	137823.00	137354.00

由表 4.11 可知，2000—2020 年，四川省土壤保持服务Ⅰ级面积呈现先减少后增加的变化趋势，整体由 116725.00 km^2 增加到了 176576.00 km^2，共增加了 59851.00 km^2，增幅为 51.28%；四川省土壤保持服务Ⅱ级面积整体呈现下降的变化趋势，由 145738.00 km^2 下降到了 105119.00 km^2，共减少了 40619.00 km^2，降幅为 27.87%；四川省土壤保持服务Ⅲ级面积整体呈现持续下降的变化趋势，由 129693.00 km^2 下降到了 65715.00 km^2，共减少了 63978.00 km^2，降幅为 49.33%；四川省土壤保持服务Ⅳ级面积呈现先增加后减少的变化趋势，整体由 92608.00 km^2 增加到了 137354.00 km^2，共增加了 44746.00 km^2，增幅为 48.32%。总的来看，2000—2020 年四川省土壤保持服务Ⅰ级面积增幅较为显著，而土壤保持服务Ⅱ级和Ⅲ级面积均存在持续的下降趋势，即土壤保持服务供给能力有所减弱。

4.3.3　净初级生产力服务

利用 CASA 模型计算 2000—2020 年四川省净初级生产力服务，结果如图 4.13 所示。从整体空间分布来看，2000 年、2005 年、2010 年、2015 年、2020 年四川省的净初级生产力服务空间分布具有明显的异质性特征，整体呈现出中部高、西部低的空间分布规律。净初级生产力服务的高值区主要分布于四川盆地北部、西部以及西南部的边缘地区，而低值区则多集中在研究区的中部及西部地区。

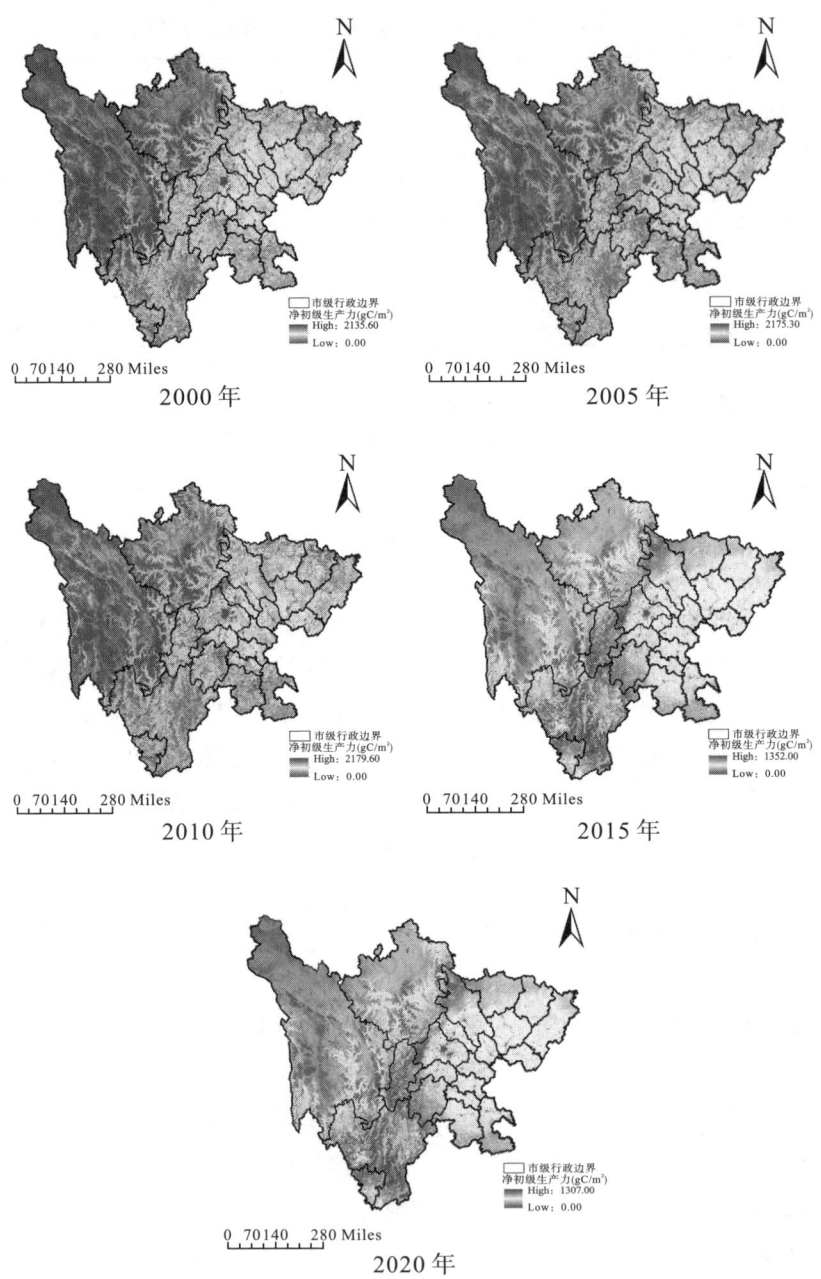

图 4.13 2000—2020 年四川省净初级生产力服务空间分布图

从空间变化上看，2000 年、2005 年、2010 年、2015 年、2020 年四川省的净初级生产力服务的空间分布格局变化较为明显。2000 年，四川省净初级生产力服务高值区域主要集中在四川盆地的东部、西部和南部边缘地区，主要包括巴中市、雅安市、乐山市以及宜宾市。2005—2010 年，四川省净初级生产力服务高值区域空间分布特征与 2000 年相似，整体变化不大，主要分布于四川盆地。从 2015 年开始，四川省净初级生产力服务的高值区域开始向四川盆地边缘以及研究区南部方向延伸，主要分布在四川盆地北部的广元市、巴中市北部，四川盆地西部的绵阳市西北地区，四川盆地西南部的雅安市、乐山市以及四川省南部的凉山彝族自治州和攀枝花市，且在四川盆地的北部和西部边缘有一定程度的增加。2020 年，四川省净初级生产力服务高值区域空间分布特征与 2015 年相似，高值区域则主要位于四川盆地西部边缘地区，如雅安市、绵阳市，以及川西南山地的凉山彝族自治州和攀枝花市等。

2000—2010 年，四川省净初级生产力服务低值区主要位于四川省西北地区的甘孜藏族自治州、阿坝藏族羌族自治州，以及凉山彝族自治州和攀枝花市。2015—2020 年，四川省净初级生产力服务的低值区范围进一步缩小，主要分布于四川省西北地区的阿坝藏族羌族自治州和甘孜藏族自治州。

为进一步明确四川省净初级生产力服务的空间分布变化情况，在 ArcGIS 10.6 软件中通过自然断点法将 2000—2020 年四川省净初级生产力服务划分为 Ⅰ 级、Ⅱ 级、Ⅲ 级、Ⅳ 级四个级别，各级别划分范围及面积见表 4.12。

表 4.12 2000—2020 年四川省净初级生产力服务级别划分范围及面积

级别	划分范围 (gC/m^2)	面积（km^2）				
		2000 年	2005 年	2010 年	2015 年	2020 年
Ⅰ 级	≤246.00	162411.00	146244.00	152279.00	56627.00	46005.00
Ⅱ 级	246.01~565.00	134851.00	144124.00	165340.00	198575.00	198319.00
Ⅲ 级	565.01~952.00	135345.00	131080.00	124433.00	199724.00	218826.00
Ⅳ 级	≥952.01	52157.00	63316.00	42712.00	29838.00	21614.00

由表 4.12 可知，2000—2020 年，四川省净初级生产力服务 Ⅰ 级面积整体呈现下降的变化趋势，由 162411.00 km^2 下降到了 46005.00 km^2，共减少了 116406.00 km^2，降幅为 71.67%；四川省净初级生产力服务 Ⅱ 级面积整体呈现增加的变化趋势，由 134851.00 km^2 增加到了 198319.00 km^2，共增加了 63468.00 km^2，增幅为 47.07%；四川省净初级生产力服务 Ⅲ 级面积呈现先下降后增加的变化趋势，整体由 135345.00 km^2 增加到了 218826.00 km^2，共增加了 83481.00 km^2，增幅为 61.68%；四川省净初级生产力服务 Ⅳ 级面积呈现先增加后下降的变化趋势，整体由 52157.00 km^2 下降到了 21614.00 km^2，共减少了

30543.00 km², 降幅为 58.56%。总的来看，四川省 2000—2020 年净初级生产力服务Ⅰ级、Ⅱ级和Ⅲ级面积均存在较大幅度的变化，即净初级生产力服务供给能力逐渐增强。

4.3.4 碳固持服务

利用 InVEST 模型计算 2000—2020 年四川省的碳固持服务，结果如图 4.14 所示。从整体空间分布来看，2000 年、2005 年、2010 年、2015 年、2020 年四川省的碳固持服务空间分布具有明显的异质性特征，表现出中部高，西北部、东南部低的空间分布规律。四川省碳固持服务的空间分布格局与四川省土地利用/覆被的空间分布规律较为一致，高值区主要分布在四川省中部林地资源比较丰富的地区，包括阿坝藏族羌族自治州的南部和东部地区等，而低值区主要集中在农业用地、草地较为集中的四川盆地和西北高海拔地区。

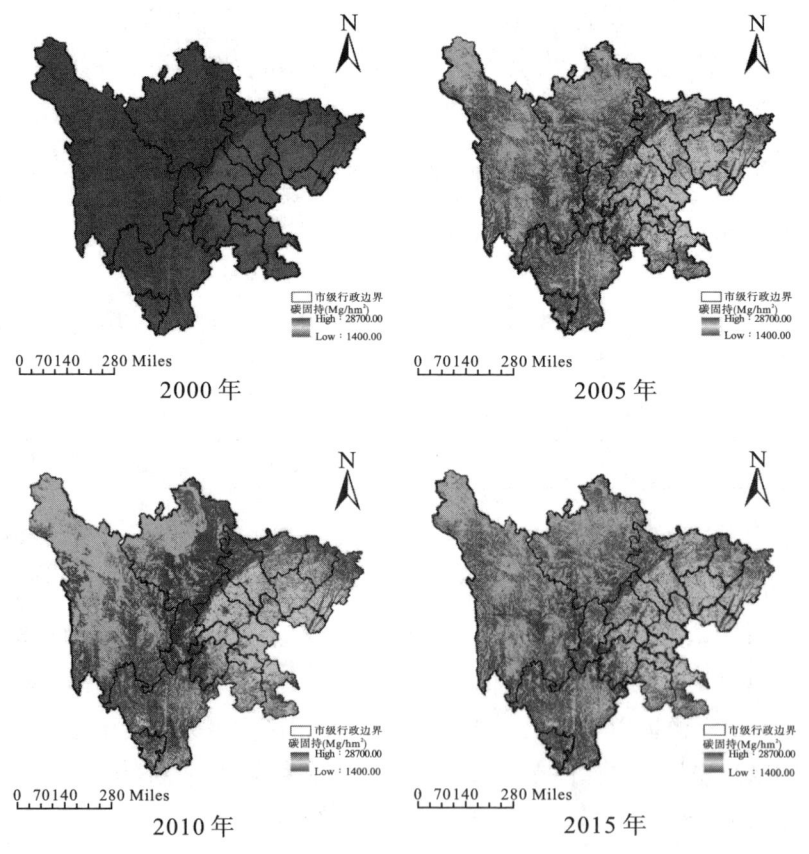

图 4.14　2000—2020 年四川省碳固持服务空间分布

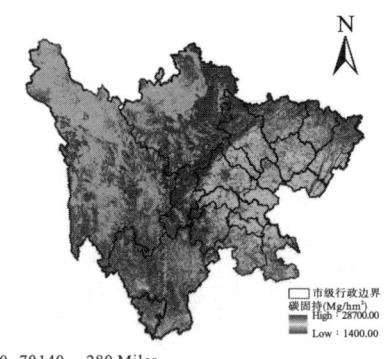

2020 年

续图 4.14

从空间变化上看，2000 年、2005 年、2010 年、2015 年、2020 年的四川省碳固持服务具有相似的空间分布格局。2000 年，四川省碳固持服务高值区域主要集中在四川省中部林地资源比较丰富的地区，如甘孜藏族自治州的东南部地区、阿坝藏族羌族自治州的南部和东部地区、雅安市、凉山彝族自治州、攀枝花市，以及四川盆地外围的低山丘陵地区，如达州市、巴中市、广元市、绵阳市和乐山市。2005 年、2010 年、2015 年、2020 年四川省碳固持服务高值区域空间分布特征与 2000 年相似，主要集中在四川省的中部、南部，川西北地区的中部、西部边缘地区以及四川盆地的北部地区。

2000 年四川省碳固持服务低值区主要分布在农业用地、建设用地集中的四川盆地和四川省西北部高海拔地区，这与其他学者的研究结果相似。相较于 2000 年，2005 年四川省西北地区和四川盆地局部区域的碳固持量有所增加，其中，阿坝藏族羌族自治州的若尔盖县、甘孜藏族自治州的石渠县、德格县、理塘县、康定市的碳固持量最低。2010 年、2015 年、2020 年四川省碳固持服务低值区域空间分布特征与 2005 年相似，主要集中在四川盆地以及川西北地区的西北部，包括阿坝藏族羌族自治州的西北部分地区和甘孜藏族自治州的中部、西北部分地区。

为进一步明确碳固持服务的空间分布变化情况，在 ArcGIS 10.6 软件中通过自然断点法将 2000—2020 年四川省碳固持服务划分为 Ⅰ 级、Ⅱ 级、Ⅲ 级、Ⅳ 级四个级别，各级别划分范围及面积见表 4.13。

表4.13 2000—2020年四川省碳固持服务级别划分范围及面积

级别	划分范围 （Mg/hm²）	面积（km²）				
		2000年	2005年	2010年	2015年	2020年
Ⅰ级	≤4800.00	7721.00	21858.00	10278.00	23769.00	15571.00
Ⅱ级	4800.01~10400.00	3000.00	173243.00	157027.00	169574.00	155182.00
Ⅲ级	10400.01~11600.00	156249.00	120572.00	117171.00	118667.00	114114.00
Ⅳ级	≥11600.01	317794.00	169091.00	200288.00	172754.00	199897.00

由表4.13可知，2000—2020年，四川省碳固持服务Ⅰ级面积整体呈现增加的变化趋势，由7721.00 km²增加到了15571.00 km²，共增加了7850.00 km²，增幅为101.67%；四川省碳固持服务Ⅱ级面积呈现增加后减少的变化趋势，整体由3000.00 km²增加到了155182.00 km²，共增加了152182.00 km²，增幅为507.27%；四川省碳固持服务Ⅲ级面积整体呈现下降的变化趋势，由156249.00 km²下降到了114114.00 km²，共减少了42135.00 km²，降幅为26.97%；四川省碳固持服务Ⅳ级面积整体呈现下降的变化趋势，由317794.00 km²下降到了199897.00 km²，共减少了117897.00 km²，降幅为37.10%。总的来看，2000—2020年四川省碳固持服务Ⅱ级面积呈现较大幅度的增加，而碳固持服务Ⅲ级、Ⅳ级面积降幅明显，即碳固持服务供给能力有所减弱。

4.3.5 生境质量服务

利用InVEST模型计算2000—2020年四川省的生境质量服务，其空间分布如图4.15所示。从整体空间分布来看，2000年、2005年、2010年、2015年、2020年四川省的生境质量服务空间分布具有明显的异质性特征，表现出中部高，东南部低的空间分布规律。生境质量服务的高值区在四川省东部、中部以及北部均有分布，与林地的空间分布较为一致，而低值区则主要集中在四川盆地，这里是人类活动相对频繁，且城镇建设用地和农田用地大量增加的区域。

从空间变化上看，2000年、2005年、2010年、2015年、2020年四川省的生境质量服务具有相似的空间分布格局。2000年，四川省生境质量服务高值区域主要集中在人类活动干扰较少的林地、自然保护区和林业管护区，如甘孜藏族自治州的东南部地区、阿坝藏族羌族自治州的东部地区、雅安市、凉山彝自治州、攀枝花市，以及四川盆地外围的低山丘陵地区，如达州市、巴中市、广元市、绵阳市、乐山市、宜宾市和泸州市。2005年、2010年、2015年、2020年四川省生境质量服务高值区域空间分布特征与2000年相似，主要集中在四川省的中部、南部，四川省西北部的中西部边缘地区以及四川盆地的北部等地区。

2000年，四川省生境质量服务低值区域主要分布在人类活动相对频繁的四川盆地和阿坝藏族羌族自治州的若尔盖县。2005年、2010年、2015年、2020年四川省生境质量服务低值区域空间分布特征与2000年相似，主要集中在四川盆地和四川省西北部地区，但川西北地区的分布较为零散，没有明显的空间聚集特征。

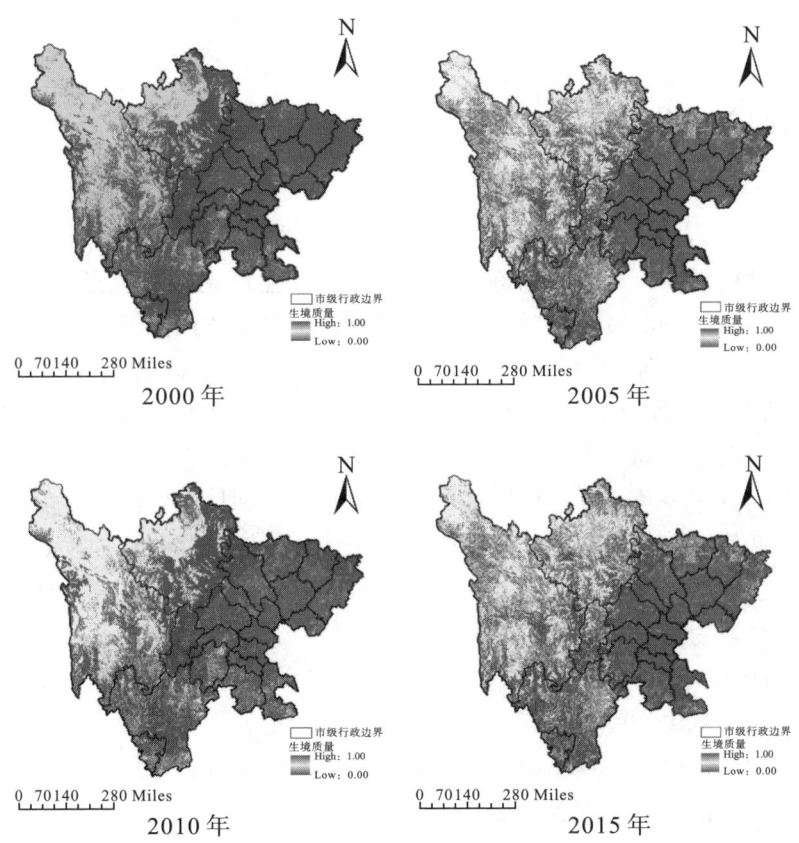

图 4.15　2000—2020 年四川省生境质量服务空间分布图

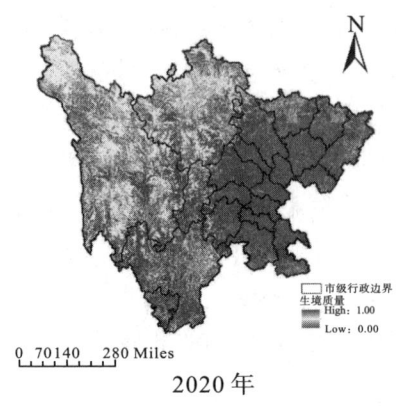

2020 年

续图 4.15

4.4 本章小结

本章对 2000 年、2005 年、2010 年、2015 年、2020 年四川省水生产、土壤保持、净初级生产力、碳固持和生境质量五项生态系统服务进行量化评估，并对其时序变化特征及空间分布特征进行分析，得出结论如下：

(1) 2000—2020 年，四川省水生产总量和水生产量栅格平均值均呈现"M"形的变化趋势；空间分布上，四川省水生产服务空间异质性特征明显，整体呈现出由西北向东南递增的空间分布规律。水生产服务的空间分布与年降水量的空间分布一致，其高值区多位于川东南地区和川东地区等降水最充沛的地区，而低值区则集中在川西北地区的阿坝藏族羌族自治州和甘孜藏族自治州等降水量较少的区域。总地来说，研究年限内四川省水生产服务的空间分布情况变化特征较为明显。

(2) 2000—2020 年，四川省土壤保持总量和单位面积土壤保持量均呈先增加而后逐渐减少的变化趋势；空间分布上，四川省土壤保持服务空间异质性特征较为明显，整体表现出由西南向东北减少的空间分布规律。土壤保持服务的低值区和中值区分布广泛，而高值区则分布相对集中，主要位于四川省的南部和西南部地区。总地来说，研究年限内四川省土壤保持服务的空间分布变化特征十分明显。

(3) 2000—2020 年，四川省净初级生产力总量和单位面积净初级生产力均呈"M"形的变化趋势；空间分布上，四川省净初级生产力服务具有明显的异质性特征，整体表现出中部高、西部低的空间分布规律。四川省净初级生产力服务的高值区主要分布于四川盆地北部、西部以及西南部的边缘地区，而低值区则多集中在四川省的中部及西部地区。总地来说，研究年限内四川省净初级生产力服务的空间分布变化特征较为明显。

（4）2000—2020 年，四川省碳固持总量和单位面积碳固持量均呈"W"形的变化趋势；空间分布上，四川省碳固持服务具有明显的异质性特征，整体表现为中部高，西北部、东南部低的空间分布规律。碳固持服务的空间分布格局与四川省的土地利用/覆被的空间分布规律较为一致，高值区以林地为主，其碳密度较高，低值区大多以草地或者农业用地为主，其碳密度相对较低。总地来说，研究年限内四川省碳固持服务具有相似的空间分布格局。

（5）2000—2020 年，四川省生境质量平均值和生境质量指数标准差均呈现小幅度波动变化趋势；空间分布上，四川省生境质量服务具有明显的异质性特征，整体表现出中部高于南部、北部的空间分布规律。生境质量服务的高值区分布在研究区东部、中部以及北部，与林地的空间分布较为一致，而生境质量服务低值区多出现在人类活动相对频繁、工农业相对发达的四川盆地。研究年限内，生境质量服务的空间分布格局变化特征不明显。

5 自然与社会因素对区域生态系统服务的影响研究

5.1 驱动因素的筛选与处理

四川省复杂的地表环境与人地关系是区域生态系统格局形成的宏观地理背景，因此，生态系统服务的时空分异是自然和社会因素作用叠加的结果。综合考虑研究区生态环境特征、社会经济状况、数据可得性及计算方法可行性，结合前人已有的研究成果[144, 204, 207, 223, 225, 258]，从自然因素和社会因素中初步筛选了七个驱动因素的量化指标，见表5.1。

表5.1 驱动因素的量化指标汇总表

因素	类型	驱动因素的量化指标	单位
自然因素	气候	年均降水量	mm
		年均气温	℃
		干燥度	/
	地形	海拔	m
		坡度	°
社会因素	人类活动	人口密度	人/km²
		地区生产总值	万元/km²

由于四川省空间异质性特征明显，四川省内不同区域之间在自然条件、社会经济水平等方面的差异十分显著，各驱动因素对研究区内不同位置上的生态系统服务的影响程度也会有所差别，因此选择地理加权回归模型来探究各驱动因素对生态系统服务综合指数的影响程度及其空间分异特征。需要注意的是，

回归模型的本质是借助因变量和自变量间的关系模型来判断二者间的统计学关联。因变量是需要被解释的目标变量，虽然自变量是确定的，但要提前进行统计学上的检验。通常情况下，主要包括相关性分析和多重共线性检验。

5.1.1 相关性分析

相关性分析是对两个事物之间是否具有相关性进行考察的一种统计学方法，将两个事物分别看作自变量与因变量，进行数理分析，并最终得出二者之间是否具有相关性及相关性大小的结论。若经过显著性检验，自变量与因变量之间的相关性并不显著，则说明自变量的解释力度微乎其微，不应再将其保留在回归方程中，以免影响回归结果的可靠性。

5.1.2 多重共线性检验

多重共线性是指纳入地理加权回归模型中的驱动因素之间出现了高度线性关系的现象，这会导致回归模型结果的失真。因此，还需要对驱动因素间的多重共线性进行诊断，确定最终的驱动因素个数，以避免出现信息高度一致的问题。通常采用方差膨胀因素（Variance Inflation Factor，VIF）作为判定标准。若VIF>10，则说明驱动因素间存在严重的信息重叠问题，应当对其进行检验和删减；否则，将会对回归模型结果的可靠性产生影响。

5.1.3 标准化处理

考虑到各个驱动因素的量化指标具有不同的单位和量纲，难以进行直接比较，故在构建回归模型前，还需要对各驱动因素的量化指标进行标准化处理，以消除因量纲不同而带来的偏差，使得各数据之间具有可比性。

各驱动因素的量化指标的标准化处理计算公式如下：

对于正向指标，需采用

$$x_i = \frac{x - x_{\min}}{x_{\max} - x_{\min}} \tag{5-1}$$

对于负向指标，需采用

$$x_i = \frac{x_{\max} - x}{x_{\max} - x_{\min}} \tag{5-2}$$

式中：x_i 为栅格单元 i 上驱动因子指标的标准化值；x，$x_{\min}$，$x_{\max}$ 分别为驱动因子指标原始数据、最小值以及最大值。

5.2 生态系统服务综合指数量化评估与分析

5.2.1 生态系统服务综合指数量化评估方法

生态系统是具有多功能性（Ecosystem Multifunctionality，EM）的复杂系统，可以同时提供包括供给调节、支持和文化服务在内的多种生态系统服务类型，从而提升人类福祉。参考前人已有的研究成果，在生态系统服务量化评估结果的基础上，采用生态系统服务综合指数（Ecosystem Service Multifunctionality，ESM）来对生态系统服务的整体供给能力进行表征。生态系统服务综合指数值越高，生态系统提供多种生态系统服务的能力就越强。

具体计算公式如下：

$$ES_{ij} = \frac{ES_{obs} - ES_{\min}}{ES_{\max} - ES_{\min}} \tag{5-3}$$

$$ESCI_i = \sum_{j=1}^{n} \omega_j \times ES_{ij} \tag{5-4}$$

式中：ES_{ij} 为栅格单元 i 第 j 个生态系统服务的标准化值；ES_{obs} 为生态系统服务物质量的评估值；$ES_{\min}$ 和 $ES_{\max}$ 分别为生态系统服务物质量的最小值和最大值；$ESCI_i$ 为栅格单元 i 的生态系统服务综合指数；ω_j 为第 j 个生态系统服务的权重；n 为生态系统服务的数量。

考虑到水生产、土壤保持、净初级生产力、碳固持和生境质量五项生态系统服务在研究区生态系统中均发挥着重要作用，并参考前人已有的研究成果，本书将每项生态系统服务的权重均设定为 1。

5.2.2 全局空间自相关分析

空间自相关是指一个地理事物的某一属性和其他所有事物的同种属性之间的关系。空间自相关分析是定量研究空间关系，以及分析空间格局的重要方法和有效手段。全局空间自相关（Global Spatial Autocorrelation）是对属性在整个区域空间特征的描述，可以反映某个空间要素在空间上整体的分布状况。本书选择常用的 Moran's 指数（I）来反映生态系统服务综合指数在全省尺度上的空间集聚情况。

具体计算公式如下：

$$I = \frac{n \sum_{i=1}^{n} \sum_{j=1}^{n} W_{ij}(x_i - \bar{x})(x_j - \bar{x})}{(\sum_{i=1}^{n} \sum_{j=1}^{n} W_{ij}) \sum_{i=1}^{n} (x_i - \bar{x})^2} \quad (5-5)$$

式中：x_i 和 x_j 分别为变量 x 在栅格单元 i 和 j 所在位置的值；$\bar{x}$ 为变量 x 的平均值；W_{ij} 为邻接或距离空间权重；n 为研究区样本点数量。

I 取值区间在[$-1,1$]之间，若 $I=0$，表示区域生态系统服务综合指数空间分布随机，即不存在空间相关性；若 $I<0$，则表示区域生态系统服务综合指数趋向于发散分布，呈空间负相关性，且数值越小表示空间差异性特征越明显；若 $I>0$，则表示区域生态系统服务综合指数趋向于集聚分布，呈空间正相关性，且数值越大表示集聚性特征越明显。

5.3 自然与社会因素对区域生态系统服务的影响分析

根据地理学第一定律（Tobler's First Law of Geography），空间距离相近的地理空间对象通常在地形地貌、温度、降水、经济发展等方面具有相似的特征，但当这些自然和社会等条件存在差异时，其具有的相似特征也会随之改变，因此，地理空间对象往往具有空间非平稳性特征。在第 4 章中，生态系统服务量化评估结果已经说明，四川省各生态系统服务会随着地理位置的变化而变化，因此，与其他地理空间对象一样，生态系统服务也具有明显的空间非平稳性特征。

在现有的驱动因素对生态系统服务的影响研究中，国内外学者大多基于回归统计方法，通过构建驱动因素和生态服务服务之间的回归方程模型来对二者之间的关系进行定量描述。然而，传统回归模型是建立在研究对象存在全局均质性的假设上，是将整个研究区域视为一个整体，每一个解释变量只有一个固定的回归系数，这只能描述研究对象整体的平均现象，这种结论显然不适用于生态系统服务这种具有明显空间非平稳性特征的地理空间对象。因此，有必要选择能够反映空间非平稳性特征的空间回归模型来解决这一问题。

5.3.1 地理加权回归模型

作为一种局部回归模型，地理加权回归模型（Geographically Weighted Regression Analysis，GWR）是在经典多元线性回归模型的基础上，考虑到空间位置而扩展得到的。相较于传统回归模型在全局均质性方面的缺陷，地理加权回归模型的优势在于将空间关系作为权重嵌入到回归参数中，使得每一个研究单元的回归系数都有一个单独的值。因此，该模型不仅能够有效解决空间非平稳性问题，而且可以通过相邻区域的空间权重进行局部参数估算，是一种相对简单而有效地解决空间非平稳性问题的空间回归模型。目前，地理加权回归模型已被国内外众多学者广泛用于研究驱动因素对生态系统服务的影响。

具体计算公式如下：

$$y_i = \beta_o(u_i,v_i) + \sum_m \beta_m(u_i,v_i)x_{im} + \varepsilon_i \tag{5-6}$$

式中：i 为样本点数；y_i 为第 i 个样本点的因变量值；(u_i,v_i) 为第 i 个样本点的经、纬度坐标；$\beta_o(u_i,v_i)$ 为截距项；m 为自变量个数；x_{im} 为第 m 个自变量在第 i 个样本点的值；$\beta_m(u_i,v_i)$ 为连续函数 $\beta_m(u,v)$ 在第 i 个样本点的值；ε_i 为服从均值为零的独立正态分布的误差。

5.3.2 空间权重与带宽设定

在进行地理加权回归分析前，需要进行空间权重与带宽的设定。

1. 空间权重的设置

构建地理加权回归模型，需要首先考虑空间权重矩阵，这将直接影响到地理加权回归模型参数的估算。常用的权重函数设定方法有距离阈值法、bi-square 函数法以及 Gaussian 函数法。目前使用范围最为广泛的是 Gaussian 函数法。其函数表达式为

$$W_{ij} = e^{-\frac{1}{2}\left(\frac{d_{ij}}{b}\right)^2} \tag{5-7}$$

式中：j 表示空间中可观测的点；i 表示空间中用于参数估计的点；d_{ij} 是距离观测点 i 和 j 之间的距离；b 是带宽，表示距离值与权重间关系的非负衰减。

2. 最佳带宽的选择

地理加权回归模型对特定权函数的带宽也十分敏感，因此需要合适的带宽来确保地理加权回归分析的准确性。目前，常用的带宽选择方法有交叉验证、赤池信息量准则和贝叶斯信息量准则。

5.4 四川省驱动因素筛选结果

5.4.1 相关性分析结果

考虑到地理加权回归模型中所纳入的生态系统服务综合指数和各驱动因素均为具有高度空间异质性特征，因此，采用空间相关性指标 Moran's 指数对二者关系进行相关性分析更为合适。本小节运用 GeoDa 软件，将四川省 2000 年、2005 年、2010 年、2015 年、2020 年生态系统服务综合指数与七个驱动因素分别进行二元空间相关性分析，并考察其 Moran's 指数及显著性水平，结果见表 5.2。

表 5.2 二元空间相关性分析结果

驱动因素	2000 年	2005 年	2010 年	2015 年	2020 年
年均降水量	0.35***	0.35***	0.35***	0.35***	0.35***
年均气温	0.42***	0.42***	0.42***	0.42***	0.42***
干燥度	0.20***	0.20***	0.20***	0.20***	0.20***
海拔	0.63***	0.63***	0.63***	0.63***	0.69***
坡度	0.52***	0.52***	0.52***	0.52***	0.52***
人口密度	−0.22***	−0.22***	−0.22***	−0.22***	−0.22***
地区生产总值	−0.29***	−0.29***	−0.29***	−0.29***	−0.29***

注：*** 表示显著性为 0.1%，** 表示显著性为 1%，* 表示显著性为 5%。

由表 5.2 中的分析结果可知，七个驱动因素与生态系统服务综合指数均存在统计学上的线性相关关系，且通过了显著性检验。2000 年，生态系统服务综合指数与年均降水量、年均气温、干燥度、海拔、坡度呈显著正相关关系，与人口密度及地区生产总值呈负相关关系。2005 年、2010 年、2015 年、2020 年生态系统服务综合指数与七个驱动因素的二元空间相关性分析结果与2000年一致。这说明驱动因素在回归模型中不仅具有实际意义，也具有统计学意义。因此，七个驱动因素均可进入下一步的多重共线性检验。

5.4.2 多重共线性检验结果

为了避免各驱动因素之间出现信息高度一致的问题，本小节基于SPSS软件对四川省2000年、2005年、2010年、2015年、2020年的七个驱动因素的多重共线性进行检验，其结果见表5.3。

表5.3 多重共线性检验结果（VIF值）

驱动因素	2000年	2005年	2010年	2015年	2020年
海拔/m	4.36	5.97	4.04	4.56	4.72
坡度/°	1.41	1.48	1.39	1.42	1.42
年均降水量/mm	1.85	4.96	4.97	4.94	5.50
年均气温/℃	4.97	6.11	5.41	5.58	4.94
干燥度	1.59	1.61	1.58	1.60	1.59
人口密度/(人·km^{-2})	3.81	6.33	3.70	7.75	4.14
地区生产总值/(万元·km^{-2})	2.87	3.32	3.21	8.45	2.79

由表5.3可以看出，研究年限内中，七个驱动因素的方差膨胀系数 $VIF<10$，即七个驱动因素间不存在显著的多重共线性关系。经过上述对自变量的预检，最终确定四川省回归模型所选择的自变量包括以下七个驱动因素：海拔、坡度、年均降水量、年均气温、干燥度、人口密度和地区生产总值。各驱动因素描述性统计分析结果见表5.4。

表5.4 四川省自然与社会驱动因素描述性统计分析结果

驱动因素	最小值	最大值	平均值	标准差
年均降水量/mm	390.10	1352.04	658.26	182.31
年均气温/℃	−1.91	21.30	7.07	72.62
干燥度	−9.00	18278.00	609.37	609.88
海拔/m	192.00	7109.00	2583.39	1597.32

续表

驱动因素	最小值	最大值	平均值	标准差
坡度/°	0.00	39.68	6.69	6.15
人口密度/(人·km^{-2})	0.62	44403.03	165.04	891.27
地区生产总值/(万元·km^{-2})	0.25	116333.29	626.63	3288.18

5.5 四川省生态系统服务综合指数量化评估结果

5.5.1 时序变化特征

2000—2020 年四川省生态系统服务综合指数平均值结果如图 5.1 所示。2000 年、2005 年、2010 年、2015 年、2020 年四川省的生态系统服务综合指数平均值分别为 2.93、3.05、3.07、3.05、2.91，其中，2010 年的生态系统服务综合指数平均值最高，2020 年最低。2000—2020 年，四川省生态系统服务综合指数平均值整体呈先增加后减少的变化趋势，与 2000 年相比减少了 0.02，减幅为 0.68%。

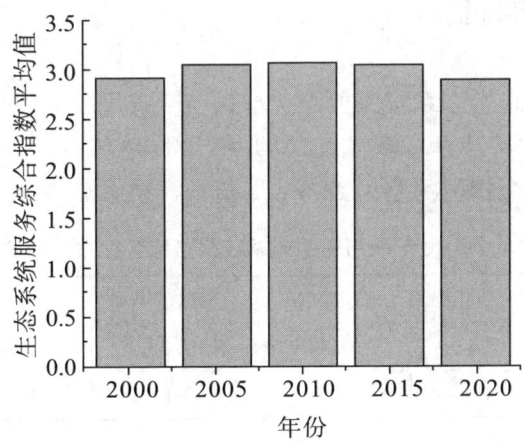

图 5.1 2000—2020 年四川省生态系统服务综合指数平均值

生态系统服务综合指数标准差反映了各栅格单位上生态系统服务综合指数值与生态系统服务综合指数平均值的差异程度。2000—2020年四川省生态系统服务综合指数标准差结果如图5.2所示。2000年、2005年、2010年、2015年、2020年四川省的生态系统服务综合指数标准差分别为0.83、0.88、0.87、0.88、0.90，其中，2020年生态系统服务综合指数标准差最高，2000年最低。2000—2020年，四川省生态系统服务综合指数标准差整体呈逐渐增加的变化趋势，与2000年相比增加了0.07，增幅为8.43%。

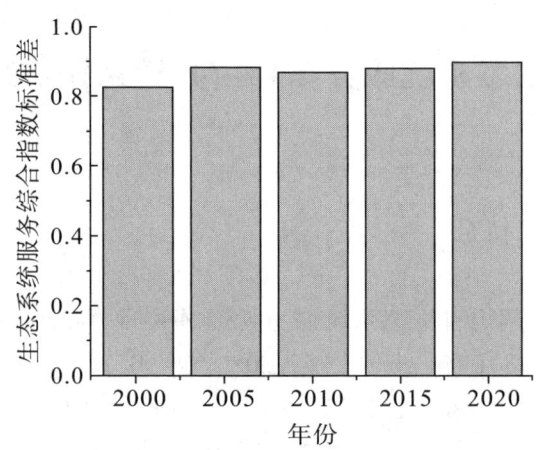

图5.2 2000—2020年四川省生态系统服务综合指数标准差

5.5.2 空间聚集特征

为了进一步反映生态系统服务综合指数在全省尺度上的空间聚集特征，本小节运用GeoDa软件计算2000年、2005年、2010年、2015年、2020年四川省生态系统服务综合指数的全局Moran's指数，结果见表5.5。

表5.5 2000—2020年四川省生态系统服务综合指数空间自相关分析

	2000年	2005年	2010年	2015年	2020年
Moran's指数	0.54	0.44	0.59	0.56	0.59
p	0.00	0.00	0.00	0.00	0.00

由表5.5分析结果可知，2000年、2005年、2010年、2015年、2020年四川省的生态系统服务综合指数的全局Moran's指数分别为0.54、0.44、0.59、0.56和0.59，均大于0，且p值均小于0.001。结果表明，四川省生态

系统服务综合指数的空间分布存在显著的空间正相关特征，并表现出一定的空间聚集性特征。2000—2020 年，四川省生态系统服务综合指数的全局 Moran's 指数整体呈缓慢增长的变化趋势，其中，2010 年和 2020 年最高，2005 年最低。结果表明，研究年限内四川省生态系统服务综合指数值在空间上的整体集聚特征越来越明显。

5.5.3 空间分布特征

利用 ArcGIS 10.6 软件计算 2000—2020 年四川省的生态系统服务综合指数，其空间分布如图 5.3 所示。从整体空间分布来看，2000 年、2005 年、2010 年、2015 年、2020 年四川省的生态系统服务综合指数空间分布具有明显的异质性特征，呈现出中部高、东南部低的空间分布规律。四川省生态系统服务综合指数的高值区分布广泛，包括四川省中部、南部等林地广布的地区；而生态系统服务综合指数低值区则分布相对集中，主要位于四川盆地。

从空间变化上看，2000 年、2005 年、2010 年、2015 年、2020 年四川省的生态系统服务综合指数的空间分布格局变化不明显。2000 年，四川省生态系统服务综合指数高值区域主要集中在四川省中部林地资源比较丰富的地区，如阿坝藏族羌族自治州的南部、东南部和雅安市，四川盆地北部边缘地区的广元市、巴中市、达州市以及四川省南部的凉山彝族自治州、攀枝花市等地区。2005 年、2010 年、2015 年、2020 年，四川省生态系统服务综合指数高值区域空间分布格局与 2000 年相似，主要分布于四川省中部、南部、西北地区的中部和西部以及四川盆地的北部边缘地区。

2000 年，四川省生态系统服务综合指数低值区域主要集中在农业用地、建设用地集中的四川盆地，包括成都市、德阳市、绵阳市、南充市、遂宁市、资阳市、内江市，以及川西北地区的若尔盖县、石渠县等地区。2005 年、2010 年、2015 年、2020 年，四川省生态系统服务综合指数低值区域空间分布特征与 2000 年相似，主要集中在四川盆地和川西北部分地区。

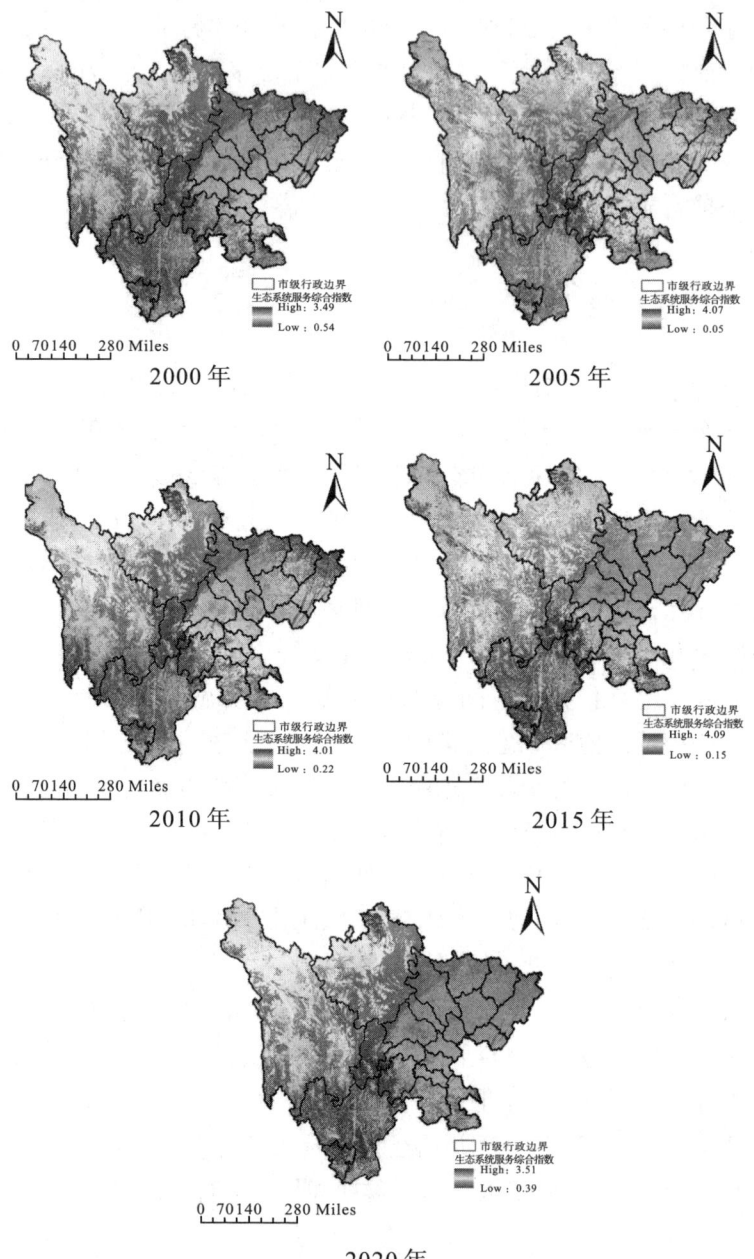

图 5.3　2000—2020 年四川省生态系统服务综合指数空间分布图

为进一步明确四川省生态系统服务综合指数的空间分布变化情况，在 ArcGIS 10.6 软件中通过自然断点法将 2000—2020 年四川省生态系统服务综合指数划分为Ⅰ级、Ⅱ级、Ⅲ级、Ⅳ级四个级别，各级别划分范围及面积见表 5.6。

表 5.6　2000—2020 年四川省生态系统服务综合指数级别划分范围及面积

级别	划分范围	面积（km²）				
		2000 年	2005 年	2010 年	2015 年	2020 年
Ⅰ级	≤1.00	8648.00	18432.00	8668.00	20102.00	12996.00
Ⅱ级	1.01~2.00	142090.00	121877.00	162351.00	150350.00	143811.00
Ⅲ级	2.01~3.00	140305.00	179440.00	124855.00	141931.00	137876.00
Ⅳ级	≥3.01	193721.00	165015.00	188890.00	172381.00	190081.00

由表 5.6 可知，2000—2020 年，四川省生态系统服务综合指数Ⅰ级的面积呈现先增加后减少的变化趋势，整体由 8648.00 km² 增加到了 12996.00 km²，共增加了 4348.00 km²，增幅为 50.28%；四川省生态系统服务综合指数Ⅱ级的面积呈现波动变化趋势，整体由 142090.00 km² 增加到了 143811.00 km²，共增加了 1721.00 km²，增幅为 1.21%；生态系统服务综合指数Ⅲ级的面积呈现波动变化趋势，整体由 140305 km² 下降到了 137876 km²，共减少了 2429 km²，减幅为 1.73%；生态系统服务综合指数Ⅳ级的面积整体呈现下降的变化趋势，由 193721 km² 下降到了 190081 km²，共减少了 3640 km²，减幅为 1.88%。总的来看，2000—2020 年四川省生态系统服务综合指数Ⅰ级的面积存在一定幅度的增加，而生态系统服务综合指数Ⅱ级、Ⅲ级、Ⅳ级的面积年际变化不显著，即四川省生态系统服务整体供给能力有所减弱。

5.6　自然与社会因素对四川省生态系统服务的影响

5.6.1　地理加权回归模型检验结果

前文已经对驱动因素与生态系统服务综合指数之间的相关性进行了详细的分析，为进一步探究各驱动因素对四川省生态系统服务综合指数的影响程度及其空间分异特征，本小节运用 GWR 4.0 软件，以四川省生态系统服务综合指数数据为因变量，以预检通过的七个驱动因素为自变量，进行地理加权回归分析。采用 Gaussian 函数法确定的空间权重和赤池信息量准则法确定的最佳带宽来构建地理加权回归模型。线性回归模型和地理加权回归模型的检验结果见表 5.7。

表5.7 线性回归模型（OLS）和地理加权回归模型（GWR）的检验结果

决定系数	2000年	2005年	2010年	2015年	2020年
R^2_{OLS}	0.49	0.45	0.57	0.57	0.56
R^2_{GWR}	0.69	0.64	0.76	0.76	0.73

在地理加权回归模型分析中，通常会选取 R^2 来判断回归方程的拟合效果。R^2 的变化范围为 [0，1]，其值越接近1，回归模型拟合度越高。由表5.7可以看出，2000年、2005年、2010年、2015年、2020年地理加权回归模型的 R^2 均比线性回归模型的 R^2 高，表明研究年限内各期驱动因素与生态系统服务综合指数构建的地理加权回归模型拟合效果更好，更适宜于揭示各驱动因素对生态系统服务综合指数的影响程度。2000年、2005年、2010年、2015年、2020年各驱动因素对四川省生态系统服务综合指数影响程度的地理加权回归模型统计结果见表5.8。

表5.8 2000—2020年四川省生态系统服务综合指数影响程度的地理加权回归模型统计结果

自然及社会因素	平均值	标准差	最小值	中位值	最大值
年均降水量$_{2000年}$/mm	0.52	0.87	−3.08	0.43	4.25
年均气温$_{2000年}$/℃	0.18	0.89	−4.88	0.32	3.04
干燥度$_{2000年}$	0.41	1.74	−8.41	0.06	4.44
海拔$_{2000年}$/m	0.39	0.96	−1.44	0.17	6.66
坡度$_{2000年}$/°	0.15	0.24	−1.34	0.11	1.51
人口密度$_{2000年}$/(人·km^{-2})	−1.41	8.77	−28.95	−0.53	17.17
地区生产总值$_{2000年}$/(万元·km^{-2})	0.42	14.79	−72.19	−0.02	47.49
年均降水量$_{2005年}$/mm	0.72	1.18	−3.36	0.57	5.18
年均气温$_{2005年}$/℃	0.26	1.16	−5.33	0.27	7.22
干燥度$_{2005年}$	−0.05	2.13	15.56	0.02	11.11
海拔$_{2005年}$/m	0.06	1.24	−6.07	−0.08	5.06
坡度$_{2005年}$/°	0.22	0.29	−1.42	0.18	2.34
人口密度$_{2005年}$/(人·km^{-2})	−3.02	12.55	−60.62	−0.31	27.81

续表

自然及社会因素	平均值	标准差	最小值	中位值	最大值
地区生产总值$_{2005年}$/(万元·km^{-2})	3.40	24.50	−66.00	0.07	112.80
年均降水量$_{2010年}$/mm	0.55	1.24	−1.19	0.26	6.88
年均气温$_{2010年}$/℃	0.15	0.26	−1.73	0.12	1.38
干燥度$_{2010年}$	0.43	0.87	−3.83	0.45	4.26
海拔$_{2010年}$/m	0.44	1.11	−6.73	0.45	6.45
坡度$_{2010年}$/°	1.10	2.55	−2.07	0.08	22.08
人口密度$_{2010年}$/(人·km^{-2})	−2.76	9.11	−108.29	−0.81	59.63
地区生产总值$_{2010年}$/(万元·km^{-2})	3.25	22.32	−132.44	0.05	89.63
年均降水量$_{2015年}$/mm	0.49	0.83	−4.21	0.50	2.86
年均气温$_{2015年}$/℃	0.43	0.79	−2.53	0.41	5.32
干燥度$_{2015年}$	0.26	1.46	−9.93	0.07	9.38
海拔$_{2015年}$/m	0.28	0.99	−2.78	0.17	3.79
坡度$_{2015年}$/°	0.26	0.28	−0.96	0.19	3.42
人口密度$_{2015年}$/(人·km^{-2})	−2.27	37.88	−282.75	0.11	108.79
地区生产总值$_{2015年}$/(万元·km^{-2})	−0.65	17.80	−57.21	−0.63	130.74
年均降水量$_{2020年}$/mm	0.44	0.79	−3.09	0.41	3.91
年均气温$_{2020年}$/℃	0.39	0.86	−2.97	0.28	6.51
干燥度$_{2020年}$	0.83	1.79	−3.76	0.07	7.86
海拔$_{2020年}$/m	0.53	1.33	−1.29	0.17	8.52
坡度$_{2020年}$/°	0.15	0.25	−0.61	0.10	1.94
人口密度$_{2020年}$/(人·km^{-2})	−0.57	7.87	23.60	−0.36	37.62
地区生产总值$_{2020年}$/(万元·km^{-2})	−2.35	24.39	121.08	−0.06	83.05

由表 5.8 可以看出，2000—2020 年各自然与社会因素对四川省生态系统服务综合指数影响程度的空间非平稳性特征十分显著，各驱动因素之间存在一

定的差异。其中，自然因素对四川省生态系统服务综合指数的影响以正向影响为主，而社会因素以负向影响为主，且影响程度及其变化比自然驱动因素更加明显。

5.6.2 影响程度的空间集聚特征

为进一步反映 2000—2020 年各驱动因素影响程度在四川省尺度上的空间聚集特征，本小节利用 GeoDa 软件分别计算 2000 年、2005 年、2010 年、2015 年、2020 年四川省各驱动因素回归系数的全局 Moran's 指数，结果见表 5.9。

表 5.9 2000—2020 年四川省各驱动因素回归系数空间自相关分析

驱动因素	2000 年	2005 年	2010 年	2015 年	2020 年
年均降水量/mm	0.95	0.94	0.95	0.93	0.95
年均气温/℃	0.94	0.95	0.95	0.95	0.96
干燥度	0.90	0.88	0.94	0.89	0.90
海拔/m	0.96	0.97	0.96	0.98	0.97
坡度/°	0.93	0.93	0.94	0.95	0.95
人口密度/(人·km^{-2})	0.97	0.97	0.96	0.95	0.96
地区生产总值/(万元·km^{-2})	0.97	0.97	0.96	0.96	0.97
p	0.00	0.00	0.00	0.00	0.00

由表 5.9 可知，2000—2020 年四川省各驱动因素回归系数的全局 Moran's 指数均大于 0.50，表明四川省各驱动因素回归系数的空间分布存在显著的空间正相关特征，并表现出明显的空间聚集性。因此，选择地理加权回归模型进一步探究驱动因素对四川省生态系统服务综合指数的影响及其空间分异特征是合理的。

5.6.3 影响程度的空间分异特征

为进一步分析各驱动因素对四川省生态系统服务综合指数影响程度的空间分异特征，本小节利用 ArcGIS 10.6 软件对 2000—2020 年四川省各驱动因素回归系数进行可视化表达。2000年、2005年、2010年、2015年、2020年四川省各驱动因素回归系数空间分布如图5.4~图5.10所示。

5.6.3.1 年均降水量

2000—2020年四川省年均降水量回归系数空间分布如图5.4所示。整体上来看，2000年、2005年、2010年、2015年、2020年的年均降水量对四川省生态系统服务综合指数的影响以正向影响为主，空间异质性特征明显，呈现出中部低，西部、东部高的空间分布规律。年均降水量回归系数的高值区和低值区分布零散，主要包括阿坝藏族羌族自治州和四川盆地，而中值区分布相对集中，集聚特征更加明显。

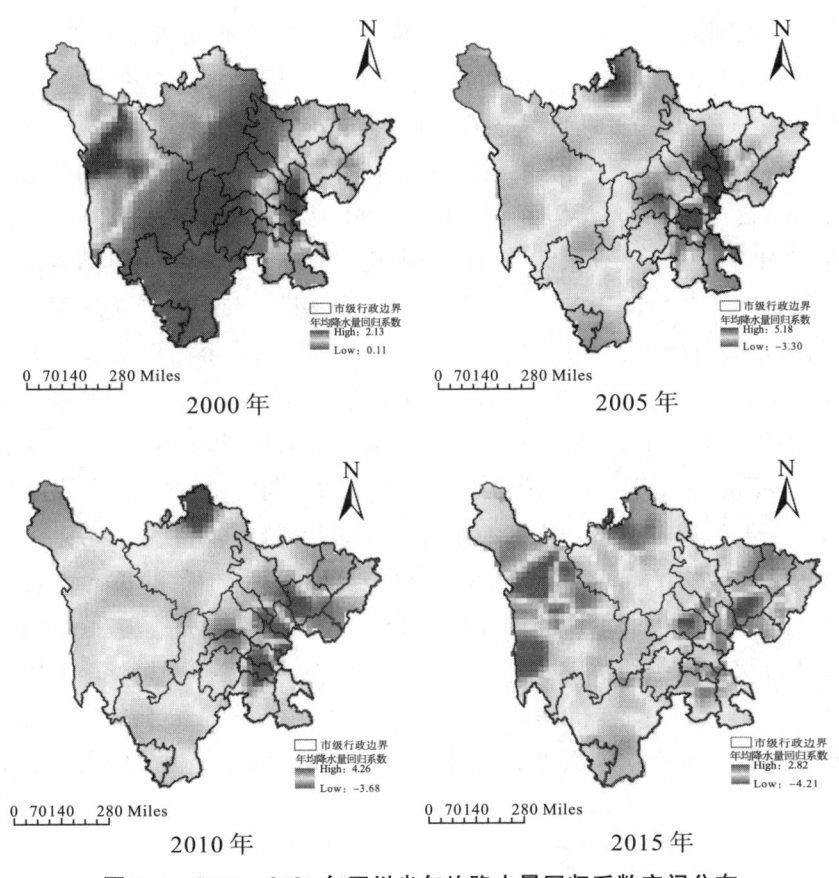

图5.4 2000—2020年四川省年均降水量回归系数空间分布

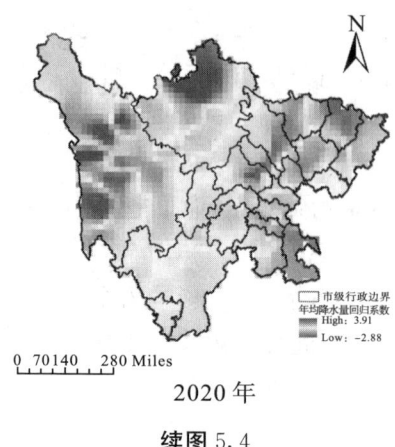

2020 年

续图 5.4

从空间变化上看，2000 年、2005 年、2010 年、2015 年、2020 年四川省的年均降水量回归系数的空间分布格局变化十分显著。2000 年的年均降水量对四川省生态系统服务综合指数的正向影响覆盖了整个研究区，但正向影响程度强烈的区域分布均较为零散，主要分布在阿坝藏族羌族自治州的北部、广元市的东部、巴中市的西南部、南充市的北部以及内江市。到了 2005 年，年均降水量对四川省生态系统服务综合指数的正向影响有所降低，具体表现为四川省部分地区出现了负向影响，但空间分布较为零散。负向影响最明显的区域主要位于内江市。四川省 2010 年、2015 年和 2020 年的年均降水量回归系数空间分布类似，年均降水量对四川省生态系统服务综合指数的正向影响覆盖了四川盆地中部、川西的大部分地区。不同的是，相较于 2005 年，2010 年、2015 年和 2020 年的年均降水量对四川省生态系统服务综合指数的正向影响程度强烈的地区略有减小，且呈现出向四川省北部和西部转移的变化趋势。

2005 年，年均降水量对四川省生态系统服务综合指数的负向影响分布相对集中，主要位于川西地区和内江市。到了 2010 年，年均降水量对四川省生态系统服务综合指数的负向影响范围进一步扩大，开始向四川盆地的中部及北部延伸。2015—2020 年，年均降水量对四川省生态系统服务综合指数的负向影响进一步扩大，影响范围覆盖四川盆地整个东部区域，但负向影响程度有所减小。

5.6.3.2 年均气温

2000—2020 年四川省年均气温回归系数空间分布如图 5.5 所示。整体来看，2000 年、2005 年、2010 年、2015 年、2020 年四川省的年均气温对生态系统服务综合指数的影响空间异质性特征明显，以正向影响为主，呈现出北部高、东北部低的空间分布规律。年均气温回归系数的高值区多位于甘孜藏族自治州和四川盆地东南部地区，而低值区则集中在四川盆地的北部、东北部等地区。

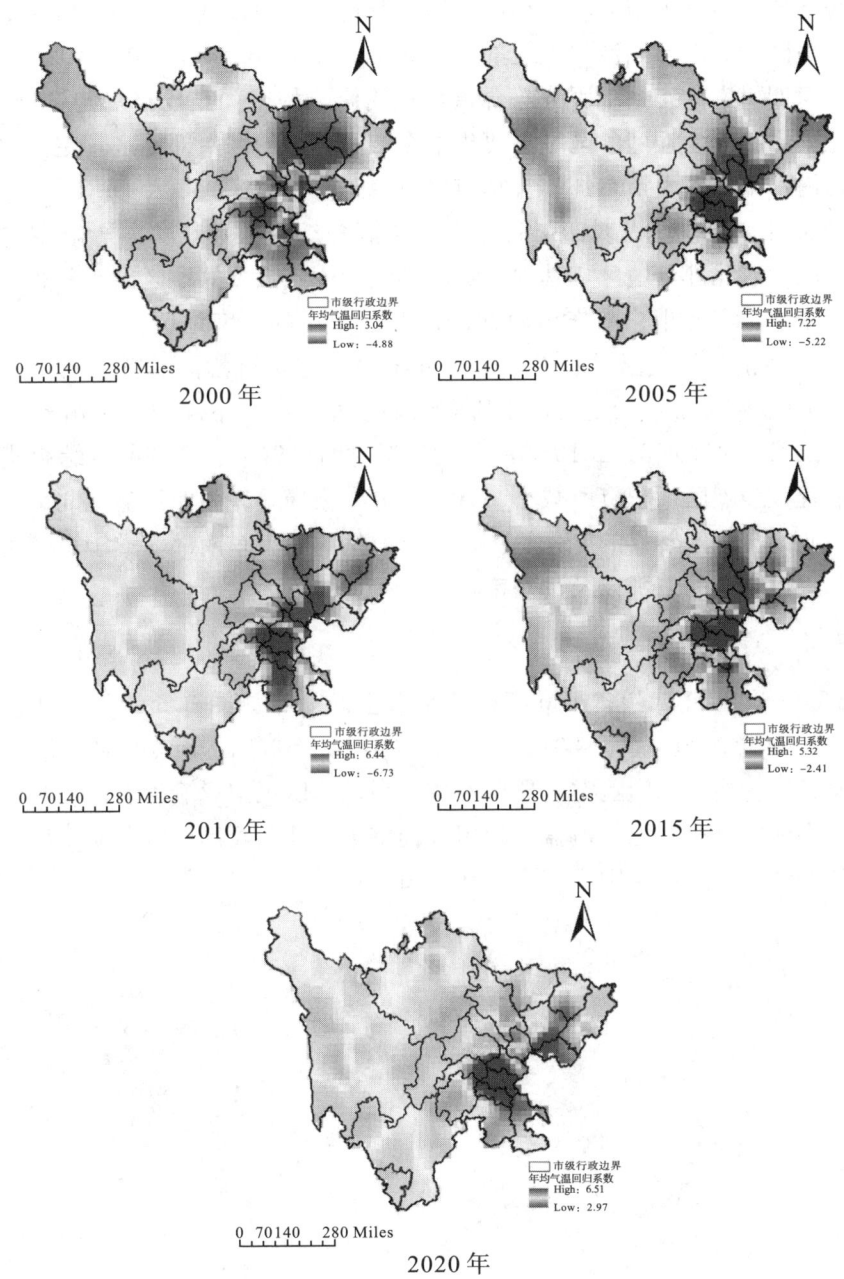

图 5.5　2000—2020 年四川省年均气温回归系数空间分布

从空间变化上看，2000年、2005年、2010年、2015年、2020年四川省的年均气温回归系数的空间分布格局变化特征不明显。2000年，年均气温对四川省生态系统服务综合指数的正向影响覆盖了川西的阿坝藏族羌族自治州、甘孜藏族自治州和川南的凉山彝族自治州，正向影响程度强烈的区域主要分布于川东地区的眉山市和泸州市北部。2005年、2010年、2015年、2020年的年均气温对四川省生态系统服务综合指数正向影响的空间布局格局与2000年类似，正向影响程度强烈的区域主要集中在四川盆地的东南部地区，主要包括资阳市、内江市、眉山市东部、宜宾市以及泸州市等地区。

2000年，年均气温对四川省生态系统服务综合指数的负向影响主要集中在研究区的东北部分地区，其中，负向影响程度最强烈的地区主要分布于川东绵阳市东部、广元市、南充市西北部以及巴中市的西南地区。2005年、2010年、2015年的年均气温对四川省生态系统服务综合指数负向影响的空间布局格局与2000年类似，均主要位于研究区的东北地区。不同的是，相较于2000年，2005年、2010年、2015年的年均气温对四川省生态系统服务综合指数负向影响程度强烈区面积有所减小，且空间分布格局呈现由四川盆地北部向中部以及东北部分地区转移的变化趋势，主要包括绵阳市东南部、遂宁市、南充市西南部、巴中市的东部以及达州市。

5.6.3.3 干燥度

2000—2020年四川省干燥度回归系数空间分布如图5.6所示。从整体上来看，2000年、2005年、2010年、2015年、2020年的干燥度对四川省生态系统服务综合指数的影响空间异质性特征明显，以正向影响为主。干燥度回归系数的中值区分布广泛，覆盖了四川省的整个中部及西部地区，而干燥度回归系数的低值区和高值区则主要集中在四川盆地。

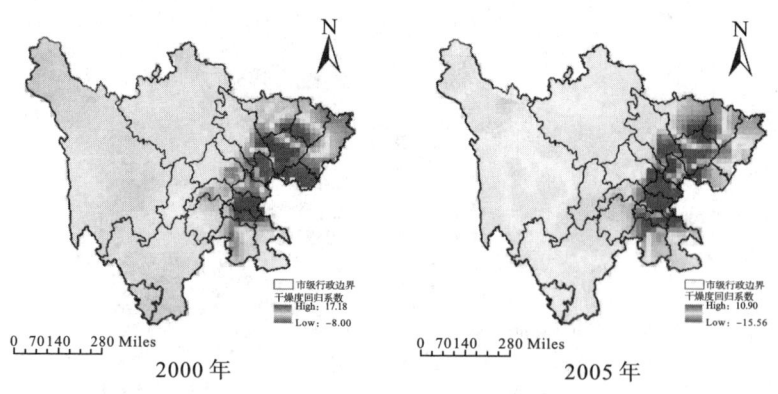

图5.6 2000—2020年四川省干燥度回归系数空间分布

5 自然与社会因素对区域生态系统服务的影响研究

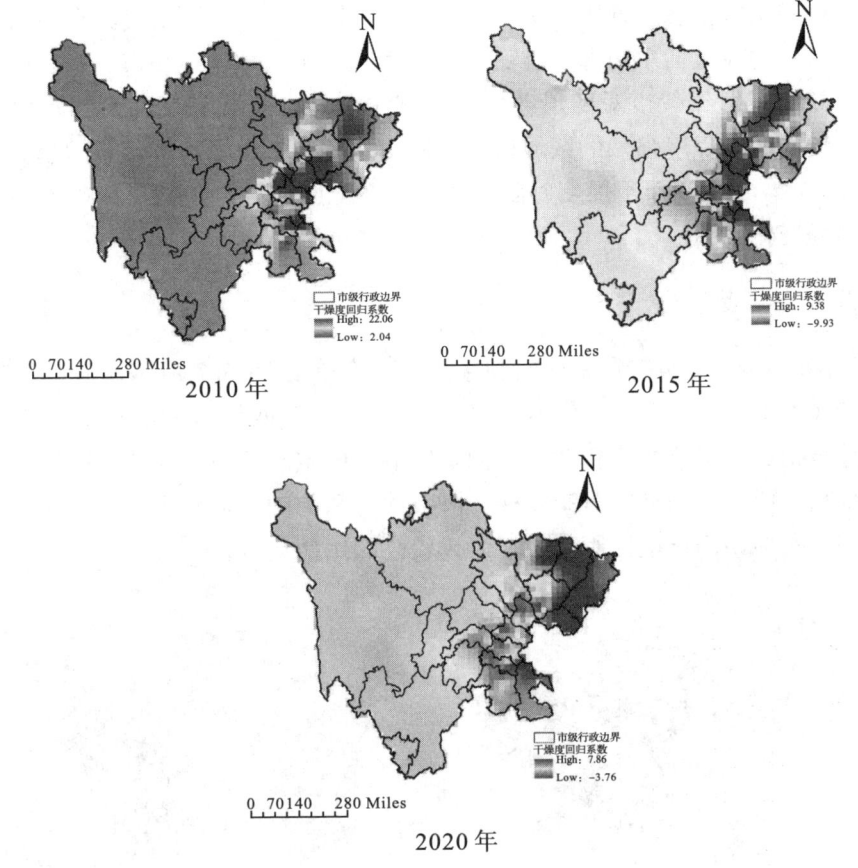

续图 5.6

从空间变化上看，2000年、2005年、2010年、2015年、2020年四川省的干燥度回归系数的空间分布格局变化特征不明显。2000—2005年，干燥度对四川省生态系统服务综合指数的正向影响的空间布局格局类似，覆盖了阿坝藏族羌族自治州、雅安市、乐山市、成都市等地区。2010年，干燥度对四川省生态系统服务综合指数的正向影响进一步加强，主要体现在正向影响范围有所扩大，特别是对四川盆地中部的资阳市、遂宁市、南充市以及北部的巴中市、广元市的正向影响程度有所增加。2015年，干燥度对四川省生态系统服务综合指数的正向影响有所减弱。2020年，干燥度对四川省生态系统服务综合指数的正向影响程度强烈的区域从四川盆地中部转移到了北部和东南部分地区，主要包括广安市、达州市的南部地区、巴中市以及广元市的东北地区。

2000年，干燥度对四川省生态系统服务综合指数的负向影响主要集中在凉山彝族自治州的中部、南部地区、攀枝花市以及甘孜藏族自治州。2005年，干燥度对四川省生态系统服务综合指数的负向影响程度强烈的范围在四川盆地有所扩大，主要包括东南部的宜宾市、泸州市，东北部的达州市、广安市和巴中市。2015 年，干燥度对四川省生态系统服务综合指数的负面影响程度有所增强，负向影响程度强烈的区域出现向四川盆地东部边缘地区转移的趋势。相较于 2015 年，2020 年干燥度对四川省生态系统服务综合指数负面影响的空间分布格局变化不明显。

5.6.3.4 海拔

2000—2020 年四川省海拔回归系数空间分布如图 5.7 所示。从整体上来看，2000 年、2005 年、2010 年、2015 年、2020 年四川省的海拔对生态系统服务综合指数的影响有正负两个方向，影响程度空间分布差异特征明显，表现出东部高、西部低的空间分布规律。海拔回归系数的高值区主要集中在海拔较低的四川盆地，而低值区则多位于海拔较高的川西地区。

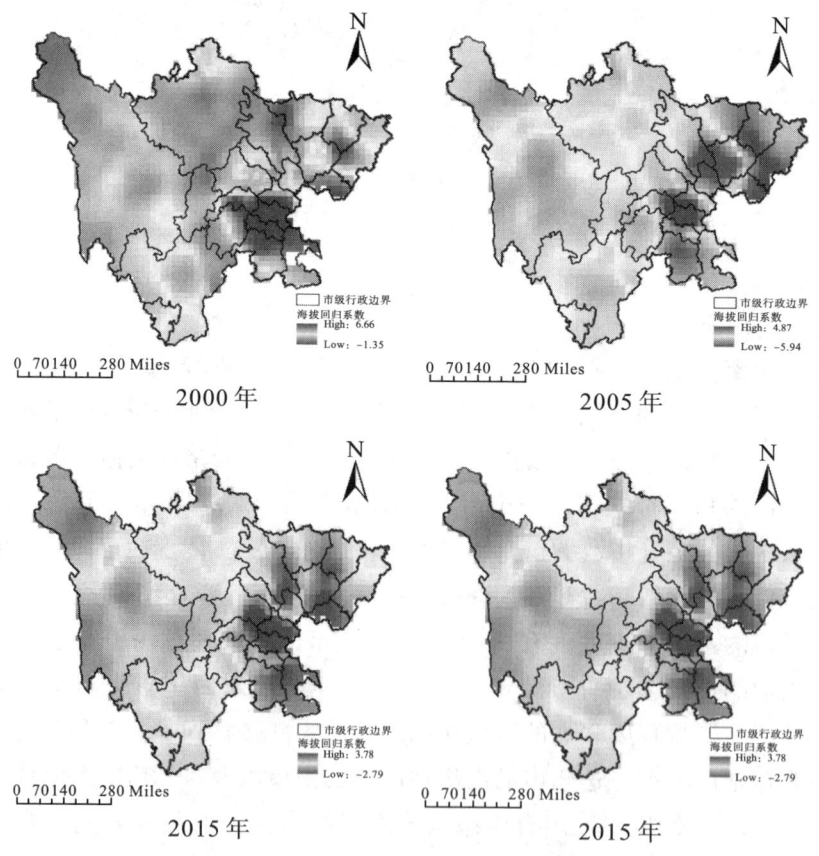

图 5.7　2000—2020 年四川省海拔回归系数空间分布

5 自然与社会因素对区域生态系统服务的影响研究

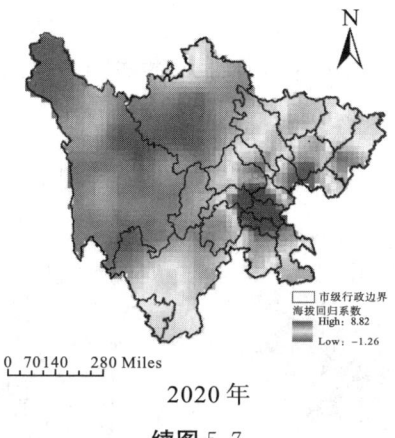

2020年

续图 5.7

从空间变化上看，2000 年、2005 年、2010 年、2015 年、2020 年四川省的海拔回归系数的空间分布格局变化特征较为显著。2000 年，海拔对四川省生态系统服务综合指数的正向影响几乎覆盖了除阿坝藏族羌族自治州以外的整个研究区，正向影响程度强烈的区域主要分布在乐山市的东北部、眉山市南部、内江市、自贡市、宜宾市以及泸州市。2005—2010 年，海拔对四川省生态系统服务综合指数的正向影响强烈区域在四川盆地的东北方向有所扩大，主要分布在四川盆地中部的宜宾市、自贡市、内江市、资阳市及四川盆地东北部的巴中市。2015 年，海拔对四川省生态系统服务综合指数的正向影响区域进一步扩大，覆盖了四川省除甘孜藏族自治州以外的整个中部、南部和东部地区。但到了 2020 年，海拔对四川省生态系统服务综合指数的正向影响区域面积有所减小，主要缩小到川西南地区的南部和整个川东地区。

2000 年，海拔对四川省生态系统服务综合指数的负向影响主要集中在甘孜藏族自治州和阿坝藏族羌族自治州。2005 年，海拔对四川省生态系统服务综合指数的负向影响程度增加，川西北地区、低山丘陵地区等负向影响程度强烈的覆盖范围有所扩大。2010—2015 年，海拔对四川省生态系统服务综合指数的负向影响开始向四川省的中部地区转移，主要位于甘孜藏族自治州。到了 2020 年，海拔对四川省生态系统服务综合指数的负面影响覆盖了川西大部分地区，但负面影响程度有所下降。

5.6.3.5 坡度

2000—2020 年四川省坡度回归系数空间分布如图 5.8 所示。从整体上来看，2000 年、2005 年、2010 年、2015 年、2020 年四川省的坡度对生态系统服务综合指数的影响以正向影响为主，影响程度空间分布差异明显，表现出东部高，中部、西部低的空间分布规律。坡度回归系数高值区分布集中，主要位于四川盆地，而低值区则多分布在凉山彝族自治州、攀枝花市以及阿坝藏族羌族自治州和甘孜藏族自治州。

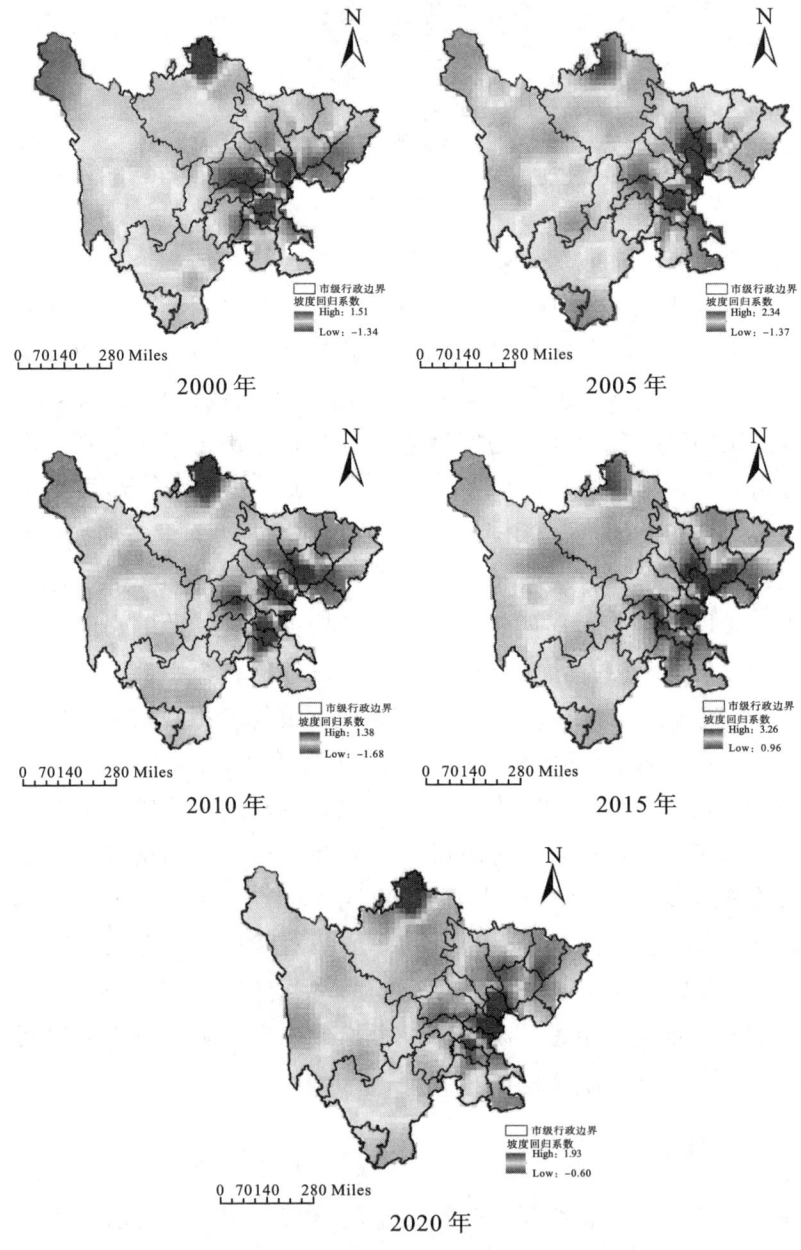

图 5.8　2000—2020 年四川省坡度回归系数空间分布

5 自然与社会因素对区域生态系统服务的影响研究

从空间变化上看,2000年、2005年、2010年、2015年、2020年四川省的坡度回归系数的空间分布格局变化特征不明显。2000年,坡度对四川省生态系统服务综合指数的正向影响几乎覆盖了整个研究区,正向影响程度强烈的区域主要集中在四川盆地的东南部地区,如内江市、资阳市、遂宁市等。2005年,坡度对四川省生态系统服务综合指数的正向影响程度有所加强,正向影响程度强烈的区域主要集中在遂宁市和绵阳市的东南地区。2005年、2010年、2015年、2020年,坡度对四川省生态系统服务综合指数正向影响的空间布局格局与2000年类似,但正向影响程度存在一定的差异。

2000—2005年,坡度对四川省生态系统服务综合指数的负向影响分布较为零散,主要分布在阿坝藏族羌族自治州西北部的石渠县以及四川盆地的遂宁市、内江市以及自贡市。2010年,坡度对四川省生态系统服务综合指数的负向影响程度小幅度增加,川东地区负向影响程度强烈的区域面积有所扩大,呈现出向四川盆地东北部分地区转移的变化趋势。2010年、2015年和2020年,坡度对四川省生态系统服务综合指数负向影响的空间分布格局较为类似,主要集中在四川省中部和东部的广元市、巴中市、达州市等地区,且空间分布格局年际变化不明显。

5.6.3.6 人口密度

2000—2020年四川省人口密度回归系数空间分布如图5.9所示。从整体上来看,2000年、2005年、2010年、2015年、2020年四川省的人口密度对生态系统服务综合指数的影响有正负两个方向,影响程度空间分布差异明显。人口密度回归系数的高值区和低值区主要集中在川西地区,而中值区覆盖了整个四川省的中部和东部地区。

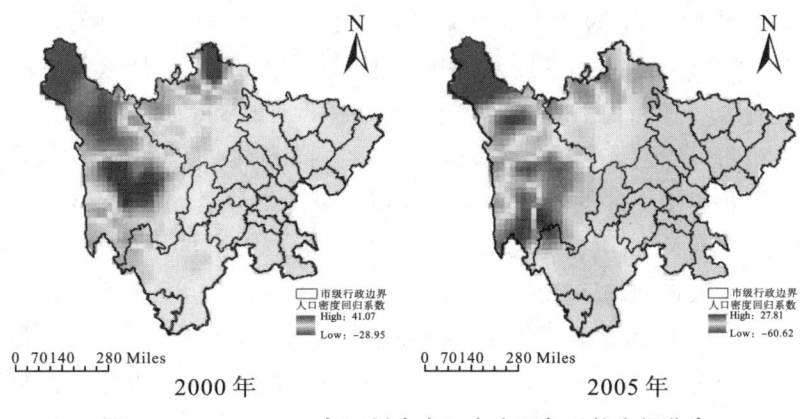

图5.9 2000—2020年四川省人口密度回归系数空间分布

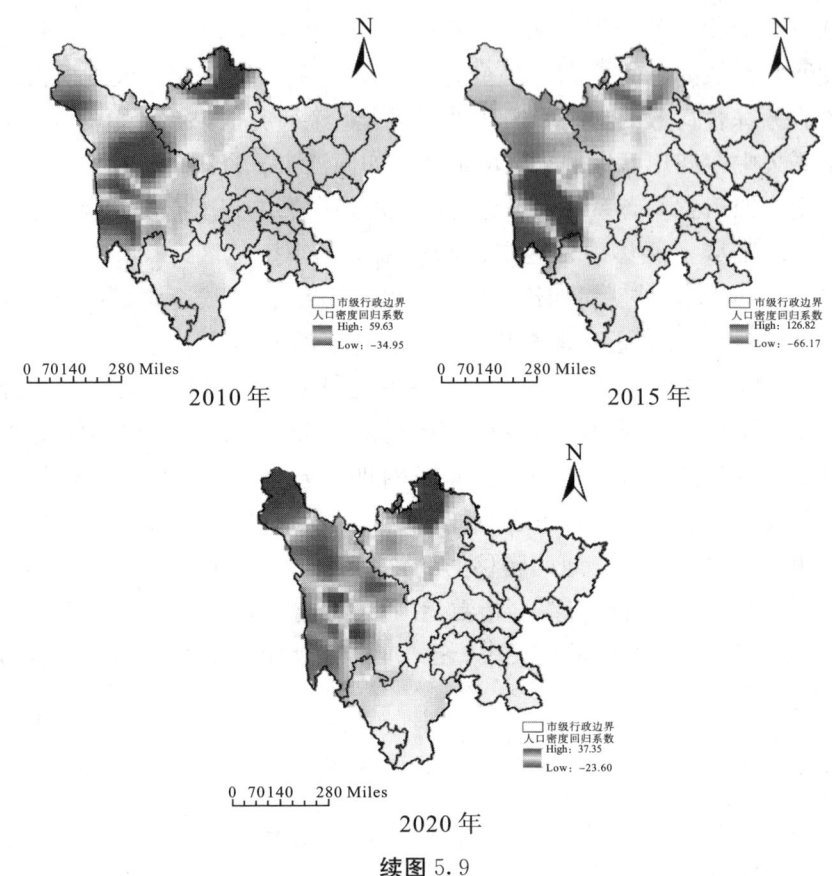

续图 5.9

从空间变化上看，2000 年、2005 年、2010 年、2015 年、2020 年四川省的人口密度回归系数的空间分布格局变化特征较为显著。2000 年，人口密度对四川省生态系统服务综合指数的正向影响覆盖了除石渠县、德格县外的整个研究区，正向影响程度最强烈的区域集中在甘孜藏族自治州，主要包括理塘县和雅江县。2005 年，人口密度对四川省生态系统服务综合指数的正向影响程度最强烈的区域开始由甘孜藏族自治州的中部向北部和南部扩散。2010 年，人口密度对四川省生态系统服务综合指数的正向影响在阿坝藏族羌族自治州有所扩大，主要包括北部的若尔盖县、阿坝县以及红原县。2015 年、2020 年与 2000 年人口密度对四川省生态系统服务综合指数影响的空间布局格局类似，正向影响程度较强烈的区域主要位于阿坝藏族羌族自治州和甘孜藏族自治州。

2000 年，人口密度对四川省生态系统服务综合指数的负向影响覆盖了研究区的大部分地区。2005 年，人口密度对四川省生态系统服务综合指数的负面影响进一步加强，主要表现为负向影响程度有所加强，且负向影响强烈的区域进一步扩大，分布在甘孜藏族自治州的西北和西部地区，如石渠县、得荣县、乡城县以及稻城县等。2010年，人口密度对四川省生态系统服务综合指数负向影响强烈的区域分布相对集中，主要位于甘孜藏族自治州的中部和西南部分地区。2015年和2020年，人口密度对四川省生态系统服务综合指数负向影响的空间布局格局与2010年类似，负向影响的区域覆盖了四川省的大部分地区，但影响程度强烈的区域分布较为分散，负向影响程度较强烈的区域呈扩散趋势。

5.6.3.7 地区生产总值

2000—2020年四川省地区生产总值回归系数空间分布如图5.10所示。从整体上来看，2000年、2005年、2010年、2015年、2020年四川省的地区生产总值对生态系统服务综合指数的影响有正负两个方向，影响程度空间分布差异明显。地区生产总值回归系数的低值区和高值区分布零散，主要位于阿坝藏族羌族自治州和甘孜藏族自治州，而中值区分布则集中于四川省的中部和东部地区，集聚特征更加明显。

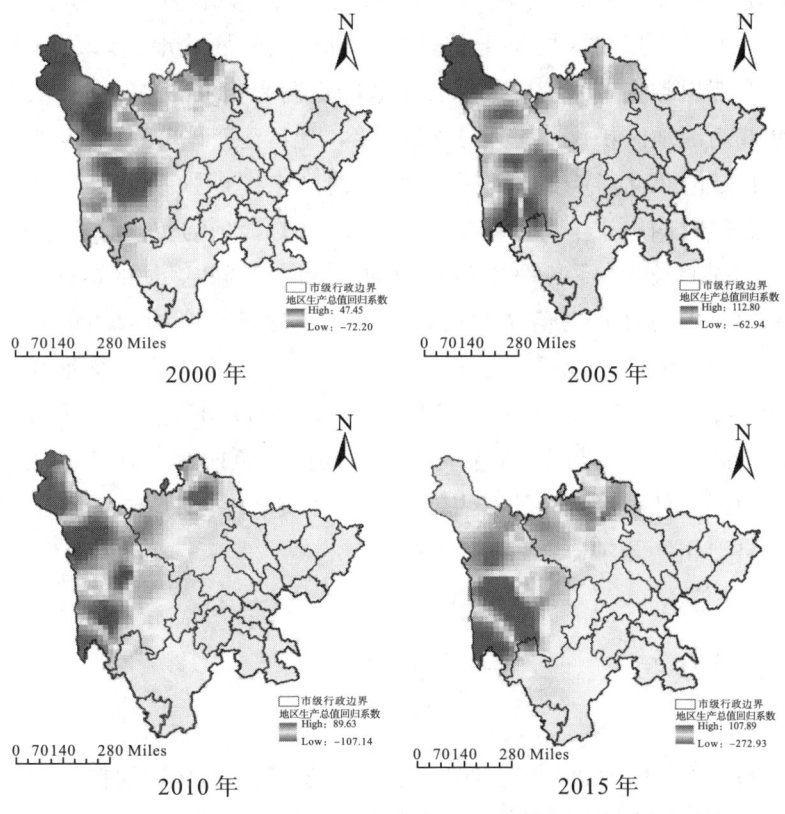

图5.10 2000—2020年四川省地区生产总值回归系数空间分布

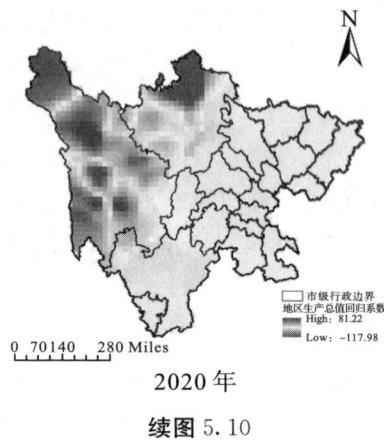

2020 年

续图 5.10

从空间变化上看，2000 年、2005 年、2010 年、2015 年、2020 年四川省的地区生产总值回归系数的空间分布格局变化特征较为显著。2000 年，地区生产总值对四川省生态系统服务综合指数的正向影响主要集中在四川省中部和川西地区的阿坝藏族羌族自治州、甘孜藏族自治州，且分布较为零散。其中，正向影响程度最强烈的区域位于甘孜藏族自治州的西北地区。2005 年，地区生产总值对四川省生态系统服务综合指数的正向影响范围进一步扩大，并呈现出向川西北南部地区扩展的趋势。2010 年，地区生产总值对四川省生态系统服务综合指数的正向影响进一步向川西北地区中部扩张。2015 年和 2020 年，地区生产总值对四川省生态系统服务综合指数的影响的空间分布格局与 2015 年相似，不同的是正向影响程度最强烈的区域向川西边缘地区转移。

2000 年，地区生产总值对四川省生态系统服务综合指数的负向影响主要集中在川东和川中部分地区，主要包括若尔盖县、理塘县以及雅江县。2005 年、2010 年、2015 年、2020 年，地区生产总值对四川省生态系统服务综合指数影响的空间布局格局与 2000 年类似，不同的是负向影响程度最强烈的区域向川西北地区的外沿区域转移，主要分布在甘孜藏族自治州的石渠县以及阿坝藏族羌族自治州的若尔盖县。

5.7 本章小结

本章对 2000 年、2005 年、2010 年、2015 年、2020 年的自然与社会因素对四川省生态系统服务综合指数的影响程度进行了量化评估，并对其空间分布差异特征进行了分析，主要结论如下：

（1）整体上看，2000—2020年，各驱动因素对四川省生态系统服务综合指数的影响程度存在明显的空间差异。自然因素对四川省生态系统服务综合指数的影响以正向影响为主，而社会因素的影响较为复杂，单项社会因素均有正负两个方向的影响，且影响程度具有更明显的空间集聚特征。

（2）2000—2020年，年均降水量对四川省生态系统服务综合指数的影响以正向影响为主，呈现出中部低，西部、东部高的空间分布规律，其高值区和低值区分布零散，主要位于阿坝藏族羌族自治州和四川盆地，而中值区分布相对集中，且集聚特征更加明显。总地来说，研究年限内，四川省年均降水量回归系数的空间分布格局变化特征十分显著。

（3）2000—2020年，年均气温对四川省生态系统服务综合指数的影响空间异质性特征明显，以正向影响为主，呈现出北部高、东北部低的空间分布规律，其高值区多位于甘孜藏族自治州和四川盆地东南部部分地区，而低值区则集中在四川盆地的北部、东北部等地区。总地来说，研究年限内，四川省年均气温回归系数的空间分布格局变化特征不明显。

（4）2000—2020年，干燥度对四川省生态系统服务综合指数的影响空间异质性特征明显，以正向影响为主。四川省干燥度回归系数的中值区分布广泛，覆盖了研究区的整个中部及西部地区，而低值区和高值区则主要集中在四川盆地。总地来说，研究年限内，四川省干燥度回归系数的空间分布格局变化特征不明显。

（5）2000—2020年，海拔对四川省生态系统服务综合指数的影响有正负两个方向，影响程度空间分布差异特征明显，表现出东部高、西部低的空间分布规律，其高值区主要集中在海拔较低的四川盆地，而低值区则多位于海拔较高的川西地区。总地来说，研究年限内，四川省海拔回归系数的空间分布格局变化特征较为显著。

（6）2000—2020年，坡度对四川省生态系统服务综合指数的影响以正向影响为主，影响程度空间分布差异明显，表现出东部高，中部、西部低的空间分布规律，其高值区分布集中，主要位于四川盆地，而低值区则多位于凉山彝族自治州、攀枝花市以及阿坝藏族羌族自治州和甘孜藏族自治州。总地来说，研究年限内，四川省坡度回归系数的空间分布格局变化特征不明显。

（7）2000—2020年，人口密度对四川省生态系统服务综合指数的影响有正负两个方向，影响程度空间分布差异明显，其高值区和低值区主要集中在川西地区，而中值区覆盖了整个研究区的中部和东部地区。总地来说，研究年限内，四川省人口密度回归系数的空间分布格局变化特征较为显著。

（8）2000—2020年，地区生产总值对四川省生态系统服务综合指数的影响有正负两个方向，影响程度空间分异明显，其低值区和高值区分布零散，主要位于阿坝藏族羌族自治州和甘孜藏族自治州，而中值区分布则集中，主要位于研究区的中部和东部地区，集聚特征更加明显。总地来说，研究年限内，四川省地区生产总值回归系数的空间分布格局变化特征较为显著。

6 自然与社会因素对区域生态系统服务的驱动机制研究

6.1 生态系统服务驱动机制的概念模型

6.1.1 概念模型的整体框架

鉴于生态系统服务形成过程的复杂性，Haines 等于 2010 年首次提出了生态系统服务级联框架（Ecosystem Service Cascades），如图 6.1 所示。作为一种生态系统服务研究范式，生态系统服务级联框架明确了生态系统结构、生态系统过程、生态系统功能与生态系统服务四者之间的关系，揭示了生态系统结构与生态系统过程—生态系统功能—惠益—价值之间的链式递进关系，有助于更好地理解生态系统服务及其变化过程。

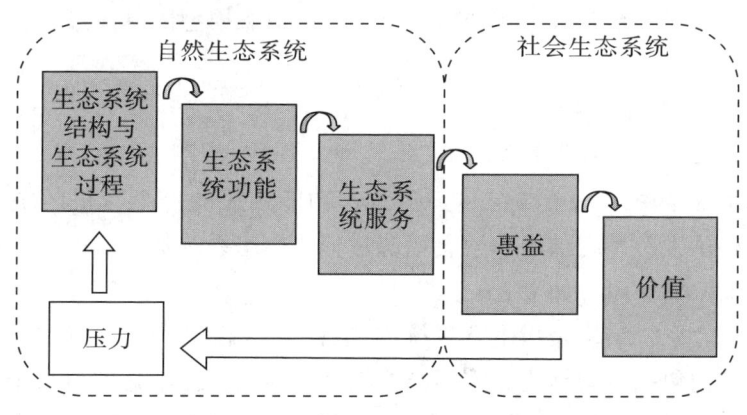

图 6.1 生态系统服务级联框架

生态系统服务依赖于生态系统结构和生态系统过程，驱动因素对生态系统服务的影响本质上是通过对一系列生态系统结构和生态系统过程的影响，进而影响其功能，最终体现在生态系统所能提供服务的能力上。因此，有学者提出未来研究需基于生态系统服务级联框架，加强驱动因素对生态系统服务影响的研究，以进一步厘清驱动因素与生态系统服务间的复杂关系。

结合图2.1、图6.1及已有的研究成果，本书首先确定了驱动因素对生态系统服务综合指数驱动机制概念模型的整体框架，如图6.2所示。

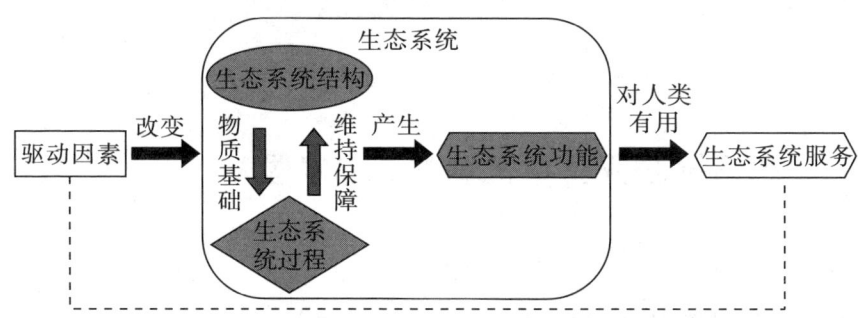

图6.2 驱动因素生态系统服务综合指数驱动机制概念模型的整体框架

从图6.2可以看出，驱动因素对生态系统服务综合指数驱动机制概念模型的整体框架主要包含了三个组成部分：驱动因素、生态系统、生态系统服务。可见，驱动因素与生态系统服务综合指数之间存在复杂的层级递进关系，涉及生态系统结构、过程、功能等诸多生态学信息。生态系统结构、过程、功能与服务四者之间的相互关系在前文图2.1中已经进行了详细阐释。因此，接下来，本章将从生态系统表征、不同驱动因素对生态系统服务的影响方式梳理两个方面来阐释生态系统服务综合指数驱动机制概念模型的具体过程。

6.1.2 生态系统表征

生态系统是由生态系统结构、过程、功能构成的一个有机的统一体。因此，有必要从生态系统结构、生态系统过程、生态系统功能三个方面对生态系统进行表征。具体内容如下：

（1）生态系统结构是指生态系统内部各要素相互联系、相互作用的方式。生态系统结构包括时间结构、空间结构以及营养结构。考虑到聚焦于驱动因素对具有高空间异质性特征区域的生态系统服务的影响，因此本章重点关注的是生态系统的空间结构，具体包括生态系统类型、生态系统面积以及生态系统空间分布等。例如，气候变化通过温度、水分、日照、光强、物候的变化，决定了区域植被的生长状况，影响着森林生态系统类型以及森林覆盖度，从而引起林木生产力、生物量、碳汇、淡水供给等生态系统服务的变化。

（2）生态系统过程是指构成生态系统的生物及非生物因素为达到一定的结果（物质、能量和信息的传输）而发生的一系列复杂的相互作用。生态系统过程的具体表现多种多样，包括水循环、土壤过程、营养物质循环等。例如，水循环是一个重要的生态系统过程。在降水过程中，植被冠层可以截留雨水，削弱降雨势能，保护土壤免受降水的直接击打。紧接着，到达地面的降水一部分通过下渗进入土壤层，另一部分则形成地表径流，成为土水侵蚀的主要动力。

（3）生态系统功能主要包括物质循环、能量流动以及信息传递三个方面。其中，物质循环是指在特定的路径下化学元素和化合物从环境到生物体再回到环境的反复循环过程；能量流动是指各种能量流以不同形式在生态系统内部输入、转移和消散的过程；信息传递是指信息在生态系统的不同组分之间交换和流动的过程。

6.1.3 自然与社会因素对生态系统服务的影响方式

参考相关文献后，本小节对气候、地形和人类活动三类因素对生态系统服务的影响方式进行梳理与总结。

6.1.3.1 气候因素

气候因素对生态系统服务的影响主要包括以下两种方式：

（1）气候因素可通过温度、水分、日照、光强等水热条件改变区域内各类生态系统的类型、面积及空间分布，进而影响植被呼吸与光合作用、水循环等生态系统过程，引起区域原有物质流、能量流和信息流的变化，最终体现在碳固持服务、土壤保持、净初级生产力等生态系统服务的能力上。

（2）气候因素还可通过直接改变蒸散发、地表径流、下渗等生态系统过程，引起区域原有物质流、能量流和信息流的变化，最终体现在土壤保持、水源涵养、水生产、净初级生产力等生态系统服务的能力上。

6.1.3.2 地形因素

地形因素对生态系统服务的影响主要包括以下两种方式：

（1）地形因素决定了当地的温度、光照及降水条件，可以通过改变区域内各类生态系统的类型、面积及空间分布，进而影响地表径流、蒸发、光合作用等生态系统过程，引起区域中原有物质流、能量流和信息流的交换和流动，最终体现在生境质量、净初级生产力、土壤保持、碳固持等生态系统服务的能力上。

（2）地形因素决定了水热资源的分配，还可以通过直接改变蒸发、地表径流等生态系统过程，引起区域原有物质流、能量流和信息流的变化，最终体现在水生产、净初级生产力等生态系统服务的能力上。

6.1.3.3 人类活动

人类活动因素对生态系统服务的影响主要包括以下三种方式：

（1）工农业生产、资源开采、管理措施等人类活动可以通过不同的土地利用/覆被类型策略，改变区域内生态系统类型、结构和空间分布，影响下渗、地表径流、土壤侵蚀与堆积、水分循环等生态系统过程，引起区域物质流、能量流和信息流的变化，最终体现在生境质量、土壤保持、净初级生产力等生态系统服务的能力上。

（2）土地开垦、林业砍伐、过度放牧、化石能源的消耗、工业化等人类活动可直接改变植被蒸发、蒸腾等生态系统过程，引起区域物质流、能量流和信息流的变化，最终体现在防风固沙、水源涵养、水土保持、生境质量等生态系统服务的能力上。

（3）为满足自身日益增长的生存和发展需求，土地开垦、森林砍伐、过度放牧、城市化等人类活动会导致地表破坏严重，使生境碎片化，连通性降低，改变区域生境质量，引起生态系统过程和功能的变化，最终体现在净初级生产力、水土保持、水生产、生境质量、碳固持等生态系统服务的能力上。

6.1.4 生态系统服务驱动机制的概念模型

通过6.1.3小节的梳理与总结，对自然与社会因素对生态系统服务驱动机制的概念模型进行整理，如图6.3所示。

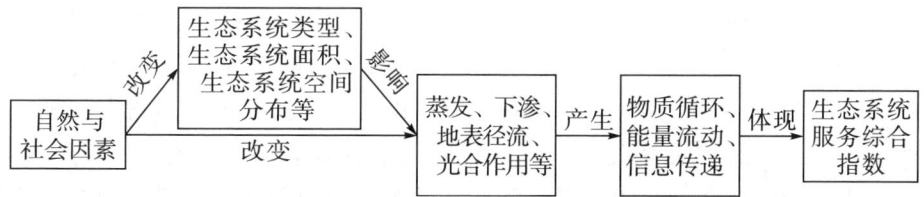

图 6.3　自然与社会因素对生态系统服务驱动机制的概念模型

从图 6.3 可以看出，自然与社会因素实际上并不是直接作用于生态系统服务的，而是通过改变生态系统结构与过程，引起生态系统功能、服务的改变，最终体现在生态系统所能提供服务的整体能力上。具体而言，自然与社会因素对生态系统服务综合指数的影响主要包括两种方式：①驱动因素通过改变区域生态系统类型、面积及空间分布，进而影响地表径流、蒸发、光合作用等生态系统过程，引起区域中原有物质流、能量流和信息流的变化，最终体现在生态系统能为人类社会提供各种福祉与惠益的能力上；②驱动因素还可以通过直接改变植被蒸发、蒸腾和下渗等生态系统过程，引起区域原有物质流、能量流和信息流的变化，最终体现在生态系统能为人类社会提供各种福祉与惠益的能力上。

该模型充分考虑了生态系统的整体性，以级联方式对驱动因素对生态系统服务综合指数的影响方式进行了图示化表达，实现了对生态系统结构、生态系统过程、生态系统功能等诸多信息的有效整合，展示了驱动因素与生态系统服务综合指数之间的层级递进关系，为下一步揭示驱动因素对生态系统服务综合指数影响方式的变化过程提供了理论基础。

6.2　典型相关性分析

6.1 节中的概念模型表明，驱动因素对生态系统服务综合指数的影响方式存在层级递进关系，包含了生态系统结构、生态系统过程等诸多生态学信息。因此，为了进一步厘清驱动因素与生态系统服务综合指数之间的复杂关系，探究驱动因素对生态系统服务综合指数影响方式及其变化过程，有必要对其中涉及的生态系统结构、过程因素进行识别。考虑到本书中涉及的自变量和因变量均由多个变量要素构成，需综合分析得到对因变量组产生显著影响的自变量组合。

典型相关分析（Canonical Correlation Analysis，CCA）于 1936 年由 H. Hotelling 提出，是一种研究两组变量之间相关关系的多元统计学方法。典型相关分析与主成分分析类似，都采用了降维的分析方法，能够涵盖大部分信息的典型变量之间的相关性关系，对变量间的潜在联系进行描述。不同之处在于，主成分分析只涉及一组变量之间的相关关系，而典型相关分析则扩展到了两组变量之间的相关关系。因此，典型相关分析可以一次性实现驱动因素与生态系统结构、过程因素之间的相关性分析，是一种高效的多元统计学方法。典型相关分析的具体思路：首先，将两组变量分别设为 $(X_1, X_2, X_3, \cdots, X_{k1})$ 和 $(Y_1, Y_2, Y_3, \cdots, Y_{k2})$；其次，对两组变量进行主成分提取，得到典型变量 A 和 B；最后，提取一对能够使得 X 和 Y 之间线性相关关系最强的（A_1 和 B_1）。按照上述方法，继续提取其他典型变量（A_{1-2}，A_{1-3}，$\cdots$，A_{1-n} 和 B_{1-2}，B_{1-2}，$\cdots$，B_{1-n}），直到 A 和 B 之间不存在统计学上的相关性为止。

运用典型相关性分析来识别 2000—2020 年驱动因素对生态系统服务指数的影响方式，将一组变量设为 2000 年、2005 年、2010 年、2015 年、2020 年各驱动因素回归系数数据，另一组变量设为 2000 年、2005 年、2010 年、2015 年、2020 年各生态系统结构、过程因素数据，通过找到存在统计学意义的所有线性组合，进而得出每一组驱动因素回归系数与生态系统结构、过程因素间的相关关系。综合考虑区域生态环境特征、数据可得性及计算方法可行性，结合已有研究成果，采用以下指标来表征生态系统结构、过程因素：林地面积占比、草地面积占比、耕地面积占比、水域面积占比、建设用地面积占地、归一化植被指数、年蒸发量、土壤有效含水量和地表径流量。

6.3 自然与社会因素对四川省生态系统服务的驱动机制

6.3.1 典型相关系数分析结果

为进一步揭示驱动因素对生态系统服务综合指数影响方式及其变化过程，本小节在 SPSS 软件上对 2000 年、2005 年、2010 年、2015 年、2020 年自然与社会因素回归系数与生态系统结构、过程因素进行典型相关性分析。根据典型负荷的绝对值绘制蜘蛛图，以直观地展示各驱动因素回归系数与生态系统结构、过程因素间的相关关系，采用5%的显著性水平作为检验标准。2000—2020年典型相关性分析的相关系数检验结果见表6.1。

表6.1 2000—2020年典型相关性分析的相关系数检验结果

典型变量	相关系数	特征值	Wilks统计量	F	分子自由度	分母自由度	p
1_{2000}	0.81	1.85	0.21	148.06	48.00	19213.37	0.000
2_{2000}	0.52	0.33	0.61	59.56	35.00	16429.28	0.000
1_{2005}	0.68	0.88	0.39	83.26	48.00	19178.93	0.000
2_{2005}	0.59	0.42	0.48	54.56	35.00	16399.84	0.000
3_{2005}	0.53	0.22	0.65	49.83	48.00	19178.93	0.000
1_{2010}	0.69	0.73	0.63	53.04	35.00	16399.83	0.000
2_{2010}	0.51	0.28	0.83	29.26	24.00	13603.16	0.000
1_{2015}	0.81	1.92	0.26	124.87	48.00	19213.37	0.000
2_{2015}	0.64	0.84	0.56	30.55	35.00	16429.28	0.000
3_{2015}	0.56	0.37	0.74	23.224	24.00	13627.61	0.000
1_{2020}	0.85	2.57	0.16	178.25	48.00	19178.93	0.000
2_{2020}	0.68	0.83	0.58	64.41	35.00	16399.83	0.000
3_{2020}	0.54	0.35	0.77	43.24	24.00	13603.19	0.000

注：1_{2000}和2_{2000}分别代表2000年的第一和第二典型变量；1_{2005}，2_{2005}和3_{2005}分别代表2005年的第一、第二和第三典型变量；1_{2010}和2_{2010}分别代表2010年的第一和第二典型变量；1_{2015}，2_{2015}和3_{2015}分别代表2015年的第一、第二和第三典型变量；1_{2020}，2_{2020}和3_{2020}分别代表2020年的第一、第二和第三典型变量。

由表6.1可知，在95%的置信水平下，2000年、2010年的前两个相关系数以及2005年、2015年、2020年的前三个相关系数均较高（高于0.5），且它们的p值均小于0.05。结果表明，2000—2020年典型相关性分析得到的典型相关系数均具有统计学意义，可以进行下一步典型变量的提取。

6.3.2 自然与社会因素回归系数与生态系统结构、过程因素间的关联关系

6.3.2.1 2000年典型相关性分析

由图6.4可知,2000年第一典型变量将年均降水量回归系数(Y_3,0.74)从其他驱动因素回归系数中区分出来,其对应的解释变量是归一化植被指数(X_6,0.81)[图6.4(a)]。2000年第二典型变量将年均气温回归系数(Y_4,0.83)分离出来,其对应的解释变量是林地面积占比(X_1,0.76)[图6.4(b)]。根据典型相关性分析结果可知,2000年,年均降水量、年均气温通过直接影响植被覆盖度以及林地面积占比,进而引起四川省生态系统服务的整体供给能力的变化。

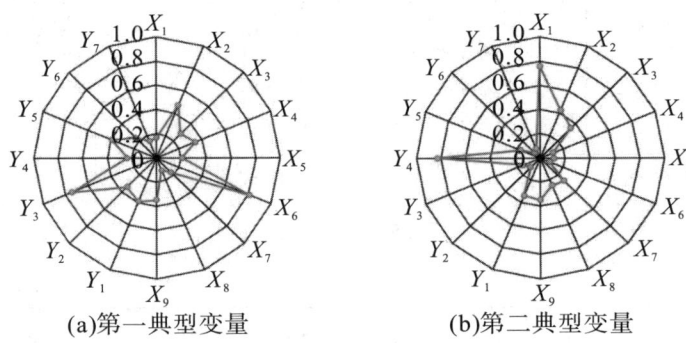

(a)第一典型变量　　　　　　(b)第二典型变量

X_1,林地面积占比;X_2,草地面积占比;X_3,耕地面积占比;X_4,水域面积占比;X_5,建设用地面积;X_6,归一化植被指数;X_7,年蒸发量;X_8,土壤有效含水量;X_9,地表径流量;Y_1,海拔回归系数;Y_2,坡度回归系数;Y_3,年均降水量回归系数;Y_4,年均气温回归系数;Y_5,干燥度回归系数;Y_6,人口密度回归系数;Y_7,地区生产总值回归系数。

图6.4　2000年四川省驱动因素回归系数与生态系统结构、过程因素间的典型载荷

四川省处于中国西南部、长江上游,以中亚热带季风性湿润气候为主,全年雨水充足,良好的水热条件促进了当地植被的生长,对植被覆盖度有显著的提升作用,区域生态环境质量整体较好,能间接影响生态系统服务的整体供给能力。相关研究也表明,气候变化可以直接影响区域植被的生长状况,并间接影响区域生态系统服务的供给能力。

森林生态系统结构复杂,被誉为"地球之肺",是大自然的总调节器,其生态功能主要体现在森林林冠层、枯枝落叶层和土壤层三个方面。林冠层可以

对雨水进行拦截，减小雨水下落过程中产生的动能，进而减缓雨水对土壤层的直接打击和冲刷，减少由于水力侵蚀造成的土壤的剥离与流失量；枯枝落叶层可以增强地表下渗，并有效延迟并减缓地表径流的形成与流动；根系对于土壤的固结作用可以改善土壤结构，提高土壤的抗侵蚀能力，增加土壤水分入渗量以及补给地下水。

6.3.2.2 2005年典型相关性分析

由图6.5可知，2005年第一典型变量将年均降水量回归系数（Y_3，0.70）从其他驱动因素回归系数中区分出来，其对应的解释变量是归一化植被指数（X_6，0.88）[图6.5（a）]。2005年第二典型变量将海拔回归系数（Y_1，0.74）、坡度回归系数（Y_2，0.67）分离出来，其对应的解释变量是草地面积占比（X_2，0.78）[图6.5（b）]。根据典型相关性分析结果可知，2005年，海拔和坡度通过直接影响草地面积占比，进而引起四川省生态系统服务整体供给能力的变化。四川省复杂的地形地貌决定了当地土地利用/覆被类型在空间分布上存在明显的地域差异。2005年，四川省草地面积1521.5万公顷，占全省辖区面积的31.36%，其中，85%以上的草地分布在川西北高原。川西北高原海拔多在3000米以上，地形起伏较大，高原草甸广布，晴朗天气多，太阳总辐射总量较大，为净初级生产力提供了有利条件。此外，由于川西地区深处高寒的青藏高原地区边缘，高山阻隔作用明显，该地区的经济相对落后、交通不便利，人类活动对当地生态环境的干扰相对较弱，进而间接影响了区域生态系统服务的整体供给能力。王紫晨的研究表明，川西地区位于高寒的青藏高原地区边缘，人口稀少，同时由于高山阻隔，人类活动开发程度较低，人类活动对当地生态环境的影响较少。

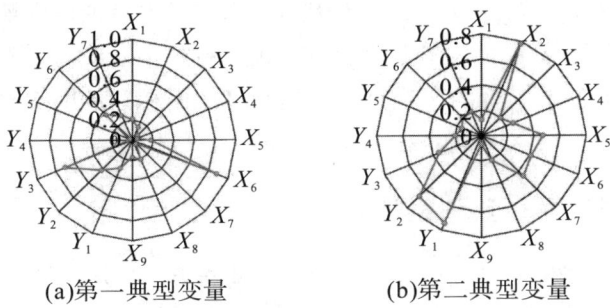

(a)第一典型变量　　(b)第二典型变量

图6.5　2005年四川省驱动因素回归系数与生态系统结构、过程因素间的典型载荷

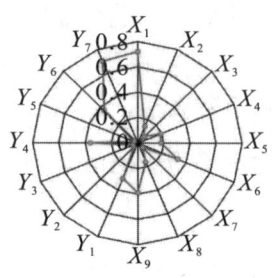

(c)第三典型变量

X_1,林地面积占比;X_2,草地面积占比;X_3,耕地面积占比;X_4,水域面积占比;X_5,建设用地面积;X_6,归一化植被指数;X_7,年蒸发量;X_8,土壤有效含水量;X_9,地表径流量;Y_1,海拔回归系数;Y_2,坡度回归系数;Y_3,年均降水量回归系数;Y_4,年均气温回归系数;Y_5,干燥度回归系数;Y_6,人口密度回归系数;Y_7,地区生产总值回归系数。

续图 6.5

2005 年第三典型变量将地区生产总值回归系数(Y_7,0.70)分离出来,其对应的解释变量是林地面积占比(X_1,0.72)[图 6.5(c)]。根据典型相关性分析结果可知,2005 年,地区生产总值通过直接影响林地面积占比,进而引起四川省生态系统服务整体供给能力的变化。四川省具有丰富的森林资源。2000—2005 年,四川省投入大量环保资金用于生态建设和环境保护工作的实施。随着"绿化全川""长江防护林工程"等一系列生态林业建设工程的实施,四川省森林生态建设成效显著。据统计,截至 2005 年底,全省累计完成成片造林 256.83 万公顷,森林覆盖率增加到 28.98%,四川省森林面积 1401.89 万公顷,森林面积居全国第四位。生态林业建设工程的实施直接减少了四川省的荒山荒地面积,扩大了区域森林面积,提高了森林覆盖度,改善了研究区的生态环境质量,促进了区域森林生态系统在降低水流动能、缓解降水侵蚀、减少地表径流、存蓄流失土壤、增加土壤水分入渗量等方面的功能,进而间接影响了区域生态系统服务的整体供给能力。相关研究也表明,退耕还林还草、植被恢复等一系列生态工程的实施有助于提高林地面积,同时提升林地对生态系统的净初级生产力、水源涵养和土壤保持能力。

6.3.2.3 2010 年典型相关性分析

从图 6.6 可知,2010 年第一典型变量将年均降水量回归系数(Y_3,0.57)、地区生产总值回归系数(Y_7,0.76)从其他驱动因素回归系数中区分出来,其对应的解释变量是林地面积占比(X_1,0.84)[图 6.6(a)]。根据典型相关性分析结果可知,2010 年,年均降水量、地区生产总值通过直接影响林地面积占比，进而引起四川省生态系统服务整体供给能力的变化。一方面，四川省处于中国长江上游，良好的水热条件影响着森林生态系统类型及其覆盖度，从而引起森林生态系统在涵养水土、补充地下水、调节河川流量以及维护生物多样性方面能力的变化。另一方面，2005—2010年，四川省继续推进天然林保护、退耕还林、人工造林等重点生态建设工程，区域生态环境质量得到持续改善。此外，为了解决由汶川大地震及次生灾害引发的植被破坏、生物多样性减少、水土流失等一系列生态问题，四川省大力推进灾后重建工作，对被地震破坏的土地重新规划设计，使其成为具有自我恢复能力和观赏价值的生态景观，使研究区林地面积进一步得到了有效增加。据统计，截至2010年底，全省累计完成成片造林4186万亩，义务植树8.27亿株，四川省森林面积1669万公顷，累计完成地震灾区植被恢复441万亩，森林覆盖率从28.98%提高到34.41%，增长率达15.70%。综上所述，营林方式的多样化使得区域林地面积不断扩大，区域生态环境质量提高，进而提高了森林的生态系统功能，进而间接影响了区域生态系统服务的整体供给能力。这与张玲玲的研究结果一致。

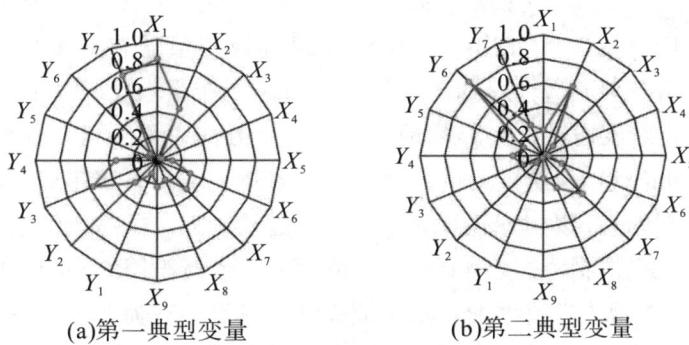

(a) 第一典型变量　　　　　(b) 第二典型变量

X_1，林地面积占比；X_2，草地面积占比；X_3，耕地面积占比；X_4，水域面积占比；X_5，建设用地面积；X_6，归一化植被指数；X_7，年蒸发量；X_8，土壤有效含水量；X_9，地表径流量；Y_1，海拔回归系数；Y_2，坡度回归系数；Y_3，年均降水量回归系数；Y_4，年均气温回归系数；Y_5，干燥度回归系数；Y_6，人口密度回归系数；Y_7，地区生产总值回归系数。

图6.6　2010年四川省驱动因素回归系数与生态系统结构、过程因素间的典型载荷

2010年第二典型变量将人口密度回归系数（Y_6，0.86）分离出来，其对应的解释变量是草地面积占比（X_2，0.62）[图6.6（b）]。根据典型相关性分析结果可知，2010年，人口密度通过直接影响草地面积占比，进而引起四川省生态系统服务整体供给能力的变化。随着四川省经济的快速发展和人口的快速增加,全省对资源的需求也持续快速增长。2010年,甘孜州、阿坝州、凉山州等四川省主要牧区平均牧场超载率接近50%,超载过牧现象十分严重,大大超过了草场的承受能力,自然保护与畜牧业发展之间的矛盾加剧,加上草地鼠害,草地退化、沙化、荒漠化等生态问题十分突出,导致区域草地生态系统生产、调节能力退化,直接影响生态系统服务的整体供给能力。2005—2010年,四川省退化草地面积占全省可利用草地面积的2/3以上,其中甘孜州、阿坝州、凉山州三州退化草地面积的比例就超过了80%。孟爱国等研究发现,川西北高原生态环境恶化的原因之一是人口持续增长及其对资源需求量的增加导致的超载过牧。曾志强也指出,四川省草地面积的减少与当地人口的不断增加以及过度放牧等不合理的人类活动有关。此外,相关研究也证实了无节制的放牧活动会造成草地面积的大幅度缩减,植被覆盖度降低,进而使得草地系统功能退化甚至丧失,最终导致净初级生产力、水源供给能力下降,土壤侵蚀和水土流失加剧。

6.3.2.4 2015年典型相关性分析

由图6.7可知,2015年第一典型变量将坡度回归系数(Y_2,0.73)从其他驱动因素回归系数中区分出来,其对应的解释变量是耕地面积占比(X_3,0.96)、地表径流量(X_9,0.88)[图6.7(a)]。根据典型相关性分析结果可知,2015年,坡度通过直接影响地表径流量和耕地面积占比,进而引起四川省生态系统服务整体供给能力的变化。四川省耕地主要分布在东部盆地和低山丘陵区。该区域地貌以山地丘陵为主,地形起伏较大,极易产生地表径流。加上年降雨量较高,降雨强度相对较大,降雨或流水对土壤的冲刷、搬运和侵蚀作用明显,导致地表径流增加,水土流失和土壤侵蚀较为严重。该研究结果与柳冬青、李奇的结论一致。同时,由于过度开发和粗放式生产,当地耕地开垦力度较大,且许多耕地并没有采取有效的水土保持措施,特别是在绝大部分坡度超过25°的陡坡上,植被覆盖度低,农田生态系统涵养水源、固持土壤的能力较差,导致区域土地生态环境恶化,直接影响生态系统服务的整体供给能力。2015年,四川省水土流失面积(不包括冻融侵蚀)为12.1万平方千米,约占全省总面积1/4。相关研究也表明,2000—2015年四川省耕地面积持续减少,且2010—2015年减少的面积大约为2005—2010年减少面积的三倍,即四川省耕地问题趋于严峻。

6 自然与社会因素对区域生态系统服务的驱动机制研究

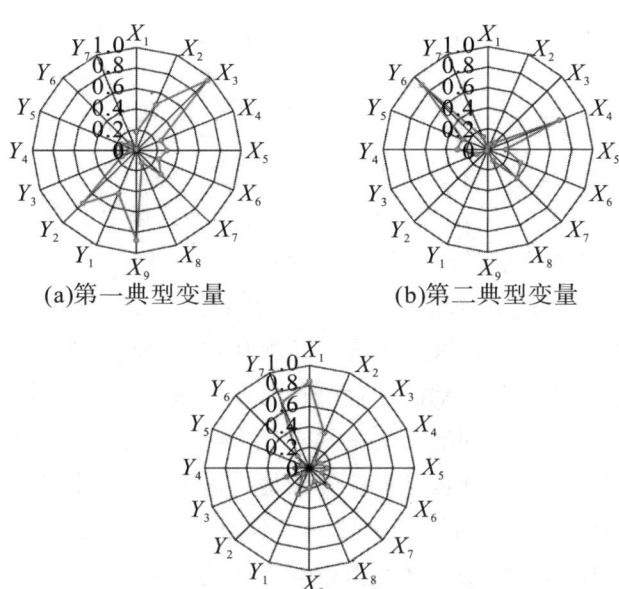

(a)第一典型变量　　(b)第二典型变量

(c)第三典型变量

X_1,林地面积占比；X_2,草地面积占比；X_3,耕地面积占比；X_4,水域面积占比；X_5,建设用地面积；X_6,归一化植被指数；X_7,年蒸发量；X_8,土壤有效含水量；X_9,地表径流量；Y_1,海拔回归系数；Y_2,坡度回归系数；Y_3,年均降水量回归系数；Y_4,年均气温回归系数；Y_5,干燥度回归系数；Y_6,人口密度回归系数；Y_7,地区生产总值回归系数。

图6.7　2015年四川省驱动因素回归系数与生态系统结构、过程因素间的典型载荷

2015年第二典型变量将人口密度回归系数（Y_6,0.89）分离出来，其对应的解释变量是水域面积占比（X_4,0.74）［图6.7（b）］。根据典型相关性分析结果可知，2015年，人口密度因素通过直接影响水域面积占比，进而引起四川省生态系统服务整体供给能力的变化。四川省是能源大省，其水能开发潜力无论是在理论层面还是在技术层面上都是巨大的，是我国水电开发和"西电东送"的主要基地之一。由于对资源需求量增长迅速和国家西部大开发战略的发展需求，四川省不断加大对基础设施的建设力度，如在金沙江、大渡河、雅砻江等主要干流上修建了溪洛渡水电站等大型水电站。截至2015年底，四川省新修的有记载的水电站共约4000座。然而，这些水电工程或建坝蓄水成库，或建渠引水，使得大量的天然河流湿地被人工湿地（库塘）所取代，破坏了原有河流生态环境，影响系统内部正常的物质循环、能量流动以及信息传递，导致部分湿地和河湖生态系统结构失稳，引起区域水生生态系统在调节水循环、净化环境等方面功能的变化，最终体现在区域生态系统服务的整体供给能力上。相关研究也实证了，2010—2015年，四川省湿地景观发生了明显的变化：自然湿地共减少了22048.61 hm²，其中，河流湿地变化最明显，共减少了11200.44 hm²，而人工湿地（库塘）增加明显，共增加了24927.94 hm²。

2015年第三典型变量将地区生产总值回归系数（Y_7, 0.69）分离出来，其对应的解释变量是林地面积占比（X_1, 0.84）[图6.7（c）]。根据典型相关性分析结果可知，2015年地区生产总值通过直接影响林地面积占比，进而引起四川省生态系统服务整体供给能力的变化。在工业化、城镇化快速发展的背景下，四川省城市建设明显加快，经济发展与环境保护之间的矛盾日益凸显，生态环境面临的压力不断加大，生态环境形势仍然不容乐观。一方面，由于城镇化、工业化加速推进，用地需求量增长迅速，城镇、工业和交通等基础设施建设用地更加明显，并呈现出由集中式转化为组团网络式发展的变化趋势，造成项目区大量林地生态空间被挤占，导致地表破碎、生物栖息空间压缩，引起林地生态环境质量和生产力下降，削弱了森林生态系统在保持水土、涵养水源、增加区域性降水、生物多样性保护等方面的功能，最终体现到森林生态系统服务的供给水平上。研究表明，2010—2015年，四川省林地转为城乡居民工矿用地明显增多，增加了112.41 km²。也有学者研究指出，四川省建设用地表现出较快的增长速率，证明城乡居民工矿用地面积增加速度极快，这是社会经济的快速发展与城镇化进程加速的结果。此外，四川省仍处于工业化中期阶段，重化工特征较为明显，缺乏对生态环境保护的综合性、整体性考虑及决策，传统的产业发展对环境带来的负面影响较明显，木材消耗、毁林开荒等粗放型的生产方式仍然存在，造成地表森林植被切割破坏，破碎化比较严重，导致森林系统低质化、森林生态功能低效化问题仍较为突出，直接影响了区域生态系统服务的整体供给能力。

6.3.2.5　2020年典型相关性分析

由图6.8可知，2020年第一典型变量将干燥度回归系数（Y_5, 0.72）从其他驱动因素回归系数中区分出来，其对应的解释变量是年蒸发量（X_7, 0.58）、地表径流量（X_9, 0.57）[图6.8（a）]。根据典型相关性分析结果可知，2020年干燥度通过直接影响年蒸发量和水域面积占比，进而引起四川省生态系统服务整体供给能力的变化。全球气候变化是当前亟待解决的一项严峻课题，其特征主要表现为以下两方面：气温的升高和降水量的下降。1961—2020年，四川省气候条件呈现年均气温显著上升、年均降水持续减少的变化趋势。此外，在全球气候变暖的影响下，全省日最高气温超过35 ℃的天数显著增多。一方面，温度升高和降水减少会加速地表及水域表面的蒸发，导致水位降低、蓄水量减少甚至干涸，湿地特别是沼泽湿地面积逐渐减少，引起水生生态系统功能退化和丧失，最终体现到区域生态系统服务的整体供给能力上。李娜娜和孟爱国等的研究也证实了全球气候变暖是导致四川省沼泽湿地减少的主要原因。

另一方面，全球变暖引起的极端天气事件的频率和强度不断增加，将深刻地改变区域生态系统结构和功能，进而导致生态系统服务供给能力的变化。近年来，四川省高温干旱等极端天气发生的频率和强度不断增加，发生重特大森林草原火灾、森林草原病虫害和外来生物入侵的潜在风险日益加大，导致区域生态环境质量下降，进而引起四川省生态系统服务供给水平的下降。

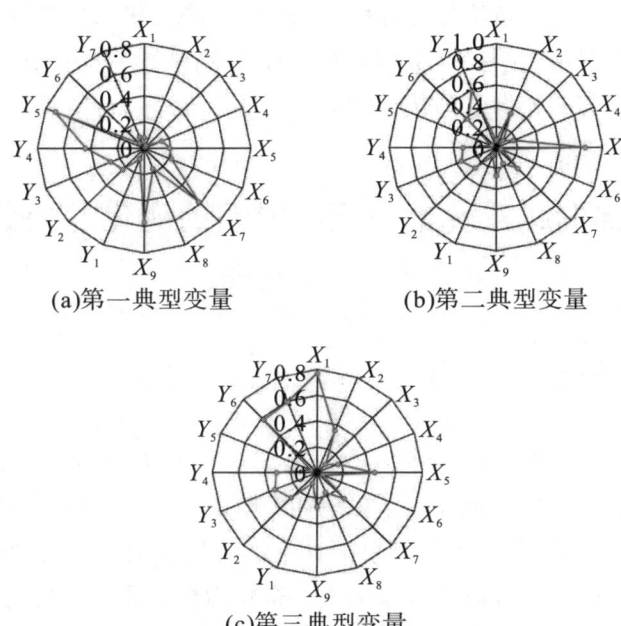

X_1，林地面积占比；X_2，草地面积占比；X_3，耕地面积占比；X_4，水域面积占比；X_5，建设用地面积；X_6，归一化植被指数；X_7，年蒸发量；X_8，土壤有效含水量；X_9，地表径流量；Y_1，海拔回归系数；Y_2，坡度回归系数；Y_3，年均降水量回归系数；Y_4，年均气温回归系数；Y_5，干燥度回归系数；Y_6，人口密度回归系数；Y_7，地区生产总值回归系数。

图 6.8　四川省 2020 年驱动因素回归系数与生态系统结构、过程因素间的典型载荷

2020 年第二典型变量将地区生产总值回归系数（Y_7，0.59）分离出来，其对应的解释变量是建设用地面积占比（X_5，0.84）[图 6.8（b）]。根据典型相关性分析结果可知，2020 年地区生产总值通过直接影响建设用地面积占比，进而引起四川省生态系统服务整体供给能力的变化。四川省新型农牧新村和公路、铁路等基础设施项目建设进一步加快，建设用地面积进一步扩张，自然生态空间面临新一轮的侵占，地表扰动强烈，导致原本连续完整的自然生态环境被切割，区域生态环境质量进一步受到威胁，最终体现到生态系统服务的供给能力上。

2020年第三典型变量将人口密度回归系数（Y_6，0.58）分离出来，其对应的解释变量是林地面积占比（X_1，0.77）[图6.8（c）]。根据典型相关性分析结果可知，2020年人口密度通过直接影响林地面积占比，进而引起四川省生态系统服务整体供给能力的变化。近年来，四川省经济社会快速发展，人口不断增加，对各类资源的需求也持续快速增长，过度放牧、水电和矿产资源开发等人类活动强度进一步增加。因此，四川省生态保护与经济发展之间的矛盾仍旧存在，生态保护在结构、根源和趋势方面存在的问题尚未得到根本性的解决，四川省生态文明建设仍旧任重道远。

6.4 四川省生态系统服务驱动机制的变化过程分析

6.4.1 变化特征

结合以上分析可知，2000—2020年自然与社会因素对四川省生态系统服务综合指数的主要影响方式经历了以下四个阶段：

（1）2000—2005年，气候因素主导下的区域森林生态系统功能的提升。四川省以中亚热带季风性湿润气候为主，全年雨量充沛，为当地森林植被的生长和发育提供了良好的水热条件，区域森林覆盖度较高，区域生态环境质量整体较好。此外，四川省实施了天然林保护、退耕还林等一系列生态林业建设工程，生态建设成效显著，这些都有助于发挥区域森林生态系统在提高土壤抗侵蚀能力、延缓地表径流、增加土壤水分入渗量等方面的生态功能，最终体现在生态系统服务的整体能力上。

（2）2005—2010年，人类活动因素介入下的草原生态系统服务供给能力的下降。随着四川省经济的快速发展，人口的不断增长带来了资源需求的持续增加，加大了区域生态系统服务的供给压力。突出表现在川西北高原天然草场过度放牧，导致当地草地退化、沙化、荒漠化等生态问题日益突出，牧区草地质量和生产能力退化，草原生态系统服务供给能力下降。

(3) 2010—2015 年，人类活动加剧下的水生生态系统功能的退化以及区域生态环境质量的下降。在工业化、城镇化快速发展的背景下，四川省城市化建设速度明显加快，经济发展与环境保护的矛盾日益突出。一方面，大规模修建水电站设施导致自然湿地面积逐渐萎缩，部分湿地和河湖生态系统结构失稳，影响了区域水生生态系统在调节水循环、净化环境等方面的功能；另一方面，城镇、工业和交通等基础设施建设对区域生态系统的负面影响愈发明显，造成大量生态空间被挤占，生态环境被破坏，区域生态环境质量下降，进而影响区域生态系统服务的整体供给能力。

(4) 2015—2020 年，全球气候变化和人类高强度活动双重扰动下的区域生态环境潜在风险加大。一方面，四川省处于城镇化、工业化加速推进的时期，对各类资源的需求持续快速增长，各类基础设施建设（如水电站）和矿产资源开发等人类活动强度进一步加大，区域生态环境质量将进一步受到威胁。此外，全球气候变化，特别是高温、极端降水、干旱等极端天气，导致四川省森林草原火灾、森林草原病虫害和外来生物入侵等生态环境潜在风险日益加大，四川省生态系统服务可持续供给面临来自全球气候变化和人类高强度活动的双重挑战。有学者指出，全球气候变化和人类高强度活动是制约当前生态系统服务可持续供给的两个重要因素，在不同时空尺度上对生态系统造成显著影响，给生态系统带来前所未有的巨大压力。因此，为应对气候变化引起生态系统服务能力降低的压力，需要继续探索适应性的生态系统优化管理和保护模式，以实现生态系统服务功能的提升和区域生态系统服务的可持续供给。

6.4.2 变化规律

总的来说，四川省生态系统服务受到自然与社会因素的共同作用，但二者在影响方式上存在明显差异。其中，自然因素是生态系统服务供给的自然本底环境，主要是通过水热条件改变区域内不同生态系统的空间分布和植被生长状况，进而影响区域生态系统服务的整体供给能力。而社会因素主要是通过不同强度与类型的土地开发利用活动快速改变区域内生态系统的类型、空间分布格局和生态环境质量，进而影响区域生态系统服务的整体供给能力。

此外，自然与社会因素对高空间异质性区域生态系统服务影响方式的变化过程具有不同的时间和空间尺度特征。自然因素对生态系统服务的影响方式在短时期内相对稳定，具有长期性且全局性的控制作用，而社会因素对生态系统服务的影响方式往往具有剧烈性、快速性，且局部性特点明显。

6.5 四川省生态系统管理优化建议

6.5.1 面临的关键问题

生态系统服务研究的核心是合理统筹人类社会与生态环境之间的相互联系、相互依存的关系，最终实现人与自然的和谐统一。通过前文分析可知，当前四川省生态系统服务的可持续供给正受到全球气候变化和人类高强度活动的双重干扰，生态系统保护与管理面临严峻挑战。本小节在前文的基础上，结合四川省内部不同区域在自然条件、社会经济水平等方面的显著差异，对四川省现阶段区域生态系统管理面临的关键问题进行归纳总结，发现的具体问题如下：

(1) 全球气候变暖背景下，川西北高原湿地生态系统功能退化。

湿地作为全球三大生态系统之一，被誉为"地球之肾"，是人类赖以生存的重要自然环境之一。四川省湿地在我国湿地生态系统功能中扮演着不可替代的重要角色，是维护我国淡水安全、物种安全等生态安全的重要战略基地。四川省湿地主要分布在川西北地区的甘孜藏族自治州和阿坝藏族羌族自治州，主要包括沼泽湿地、河流湿地以及湖泊湿地三种类型，其中沼泽湿地在四川湿地中占有十分突出的地位，在区域生态平衡、区域生态安全中发挥着重要作用。有学者对四川省湿地景观的时空动态变化进行分析后发现，当前四川省湿地面积变化主要集中在川西北高原的沼泽湿地区域。需要指出的是，四川省沼泽湿地面积呈现出减小趋势，预计该趋势在未来15年里都无法扭转。

笔者发现，这主要是由于全球气候变暖导致的年均气温升高和年均降水量下降，引起地表及水域表面的蒸发加速，湿地保水量持续下降，进而导致湿地面积逐渐萎缩，并逐渐退化成了半湿沼泽或干沼泽。川西北高原地处青藏高原东南缘，是长江黄河上游重要的生态屏障和水源涵养地，也是典型的生态环境脆弱区和生态气候敏感区。川西北高原湿地面积的缩小，会导致区域湿地生态系统功能退化或丧失，进而影响区域生态系统服务的可持续供给。因此，在全球气候变暖的大背景下，急需加强对川西北高原沼泽湿地的保护与恢复，以稳定四川省的湿地资源，维护长江中下游乃至国家的生态环境安全。

(2) 极端天气事件频繁，区域潜在生态风险增大。

极端天气是指一定地区在一定时间内出现的历史上罕见的气象事件，主要包括极端高温、极端低温、极端干旱以及极端降水等。极端气候事件的发生可能造成土壤干旱、侵蚀加剧、病虫害危害程度增加、生物多样性锐减、生物栖息地丧失等一系列生态灾害，对区域生态安全造成严重威胁和破坏。例如，暴雨洪涝、干旱、极端高温、极端低温等极端天气会导致水资源短缺、水环境恶化、当地生物的多样性锐减等生态灾害，进而危及区域生态环境安全。

近年来，四川省高温干旱等极端天气发生的频率和强度不断增加，发生重特大森林草原火灾、森林草原病虫害和外来生物入侵的潜在风险日益加大，进而导致四川省生态系统服务综合指数的下降。因此，在全球气候变暖的大背景下，应加强极端天气的管理监测工作，提升气象灾害预警能力，降低极端天气给生态环境带来的潜在风险。

(3) 城市过度扩张，对高度城市化区域生态空间造成严重挤压。

城市扩张是指由于城市人口增长，城市的居住和生产用地不断扩大的过程。城市扩张具体表现为城市人口增加、城市人口占总人口比例上升以及城市用地规模扩张。城市建设用地规模的适当扩大有利于城市建设以及相关产业的发展，但城市规模过度扩张会侵占生态环境用地，对区域生态系统带来巨大压力，导致生态环境愈发脆弱，进而出现水土流失、土地退化、生境破坏等一系列生态环境问题。

笔者发现，四川省自然生态空间面临着来自城市扩张、建设用地强度及面积进一步加大的巨大干扰，导致生境破碎化，区域生态环境质量进一步受到威胁，最终体现在生态系统服务的整体供给能力上。因此，应当积极引导城市扩张，控制高度城市化区域建设用地的无序扩张。同时，应该加强高度城市化区域森林、草地等生态空间的保护，平衡城市发展与生态保护之间的关系。

6.5.2 对策建议

生态系统服务研究的最终目的是为区域生态保护、生态系统管理提供理论依据与决策参考。四川省内部不同区域的地形地貌、气候生态、资源环境、社会经济等条件存在巨大差异，内部各区域在实际生态文明建设过程中所面临的具体问题和难点又有所不同。针对四川省生态系统服务时空变化特征、驱动因素对生态系统服务的影响及其变化过程分析结果，本书给出以下对策建议，以优化四川省的生态环境，推动区域生态与经济协调发展。

(1) 有效控制温室气体排放，充分发挥区域森林生态效益。

全球性的气候变化已经是不容置疑的事实，主要表现为气温升高、全球降水量重新分配等。全球气候变化会导致冰川融化，海平面上升，对人类赖以生存的环境造成极大的威胁。除了地球自身的演化进程外，全球气候变化主要与开垦耕地、毁坏森林资源、燃烧矿物质原料等人类活动导致大量二氧化碳、甲烷等温室气体排放，造成原有大气成分发生变化有关。研究表明，在全球气候变化背景下，四川省气候条件呈现年均气温显著上升、年均降水持续减少的变化趋势，特别是高温、极端降水、干旱等极端天气给四川省带来的生态风险日益加大。科学提出减缓和适应全球气候变化的适应性管理对策，不仅是当前国际的重要议题，也是维持四川省生态系统服务持续供给的关键环节。

因此，在四川省生态文明建设工作中，应从源头控制温室气体的排放，找寻水泥、钢铁、化工等高碳排放制造业原料、燃料的替代品。从生产过程环节控制二氧化碳排放，对钢铁、建材、石化、火电等高碳排放行业实施绿色化、循环化、低碳化改造。充分发挥森林的固碳功能，继续推进天然林保护、退耕还林、荒滩造林等重点生态林业建设工程建设，扩大森林面积。开展生态脆弱区森林保护与生态修复工作，提高森林质量。加强天然林、公益林的科学保护与管理，加大人工林改造力度，优化森林生态系统功能。加强气候监测网点建设，开展气候变化、温室气体监测与评估工作，重点开展全球气候变暖对区域生态脆弱地区影响的观测和评估工作。

(2) 加强川西北高原湿地生态系统保护与恢复，遏制自然湿地的萎缩与退化。

湿地生态系统是人类最重要的生存环境之一，具有净化水质、维护生物多样性、涵养水源、补充地下水等生态功能和服务价值。研究表明，在全球气候变化的大背景下，温度升高和降水减少导致水位降低、蓄水量减少甚至干涸，湿地特别是沼泽湿地面积逐渐减小，引起水生生态系统功能的退化和丧失，最终体现在四川省生态系统服务的供给能力上。

因此，在四川省生态文明建设工作中，应坚持"生态优先、适度开发"的原则，积极保护四川省特别是川西北高原地区的湿地生态系统。划定生态红线，严格控制开发建设活动，限制不合理的生产建设活动，减少人类活动对区域水生生态系统的干扰破坏。加强自然保护区、保护小区和湿地公园等湿地保护体系的建设。应当实施湿地保护与修复工程，采取退牧还湿、填沟保湿以及高原泥炭资源禁采等措施，加强湿地生态系统保护与恢复，提升湿地生态服务功能。建立健全湿地资源健康状况监测体系，掌握湿地生态系统的动态状况。

积极应对气候变化，加强气候变化监测与评估工作，制定适应气候变化和人类活动情景下的湿地保护措施，以减缓气候变化带来的负面效应。同时，坚持植树造林，继续加大公益林、涵养林建造力度，实施水源涵养区封育保护，提升区域生态系统的水源涵养功能。

(3) 加强区域生态综合风险管理，维护区域生态系统健康。

研究表明，全球气候变化尤其是高温、干旱等极端气候给四川省生态系统带来的潜在风险不容忽视。同时，四川省自然生态空间面临着来自基础设施项目建设强度、面积进一步加大的巨大干扰，导致生境破碎化，区域生态环境质量进一步受到威胁。世界自然保护联盟认为，健康的生态系统为人类社会应对极端气象灾害提供了更好的修复弹力。

因此，在四川省生态文明建设工作中，应划定生态红线，停止对天然林和公益林的商品性采伐，严格控制耕地、建设用地对生态用地的侵占。在现有保护区和生态功能区划基础上扩大保护范围，加大保护力度、增加保护投入。巩固退耕还林成果，继续推进天然林保护、退耕还林、退牧还草等重点生态建设工程建设，扩大生态用地面积。加强科学保护与管理，加大生态修复力度，提高区域生态系统质量，确保区域自然资源安全。加强对极端降水、干旱、高温、低温等极端天气气候事件的监测预警预报，完善相关灾害风险区划和应急预案，提升气象灾害预警能力，降低极端气候天气带来的潜在生态风险。健全松材线虫病等森林草原病虫害生物防控、森林草原火情的监测预报系统。加强森林草原火灾防治工作，对火灾易发多发地区进行排查。建立科学有效的防火林带，可根据气温、降水变化合理配置造林树种，加大耐火树种、阻火树种、抗火树种、防火树种等树种的种植比例，确保自然资源安全。

(4) 引导成都城市群建设用地合理发展，提升区域生态系统稳定性。

工业化、城镇化进程的加速在带动社会经济迅速发展、人民生活质量提高的同时，也深刻地影响着区域生态系统的结构及过程，加剧了建设用地需求与生态用地保护之间的矛盾，高强度城市化区域出现了生境破碎、生态系统服务功能退化等诸多生态问题。研究表明，四川省处于城镇化、工业化加速推进的时期，基础设施项目建设进一步加快，用地需求持续快速增长，城市建设用地不断扩张，导致区域生态环境被切割，生态环境质量进一步受到威胁，生态系统服务可持续供给能力受到严重威胁。

因此，在四川省生态文明建设工作中，应根据生态承载力，设置生态红线，严格限制建设用地的无序扩张，引导建设用地合理发展，有序推进成都城市群城镇化进程。鼓励城市进行内部挖潜，加强对低效闲置土地因地制宜的开发利用。提高城市建设用地的集约化水平，对旧城区、城中村进行改造，对城市内部低效用地、废弃地进行二次开发。严格保护现有自然植被，减少对生态用地的破坏和占用。加强建设城市及城郊生态绿地系统，优化城市绿廊，提高绿色景观的连通性和优势度。重视对水域、湿地的保护和发展，增加河、湖、池塘等"海绵体"，提升区域生态系统的稳定性，增强城市自然生态系统功能。推进城郊森林公园建设，改善区域人居环境。

6.6 本章小结

本章对驱动因素对生态系统服务影响综合指数影响方式分析的概念模型进行整理，并基于整理的概念模型以及典型相关性分析，探讨了2000—2020年自然与社会因素对四川省生态系统服务综合指数的影响方式。以下内容是笔者对其变化特征与规律进行的归纳和总结。

（1）整理概念模型方面。自然与社会因素对生态系统服务综合指数的影响主要包括两种方式：①驱动因素通过改变区域生态系统类型、面积及空间分布，进而影响地表径流、蒸发、光合作用等生态系统过程，引起区域中原有物质流、能量流和信息流的变化，最终体现在生态系统为人类社会提供各种福祉与惠益的能力上。②驱动因素还可以通过直接改变蒸发、蒸腾、下渗等生态系统过程，引起区域原有物质流、能量流和信息流的变化，最终体现在生态系统为人类社会提供各种福祉与惠益的能力上。

（2）驱动因素与生态系统结构、过程因素间的相关关系方面。2000年，年均降水量回归系数对应的解释变量是归一化植被指数；年均气温回归系数对应的解释变量是林地面积占比。2005年，年均降水量回归系数对应的解释变量是归一化植被指数；海拔回归系数、坡度回归系数对应的解释变量是草地面积占比；地区生产总值回归系数对应的解释变量是林地面积占比。2010年，年均降水量回归系数、地区生产总值回归系数对应的解释变量是林地面积占比；人口密度回归系数对应的解释变量是草地面积占比。2015年，坡度回归系数对应的解释变量是耕地面积占比和地表径流量；人口密度回归系数对应的解释变量是水域面积占比；地区生产总值回归系数对应的解释变量是林地面积占比。2020年，干燥度回归系数对应的解释变量是年蒸发量和水域面积占比；地区生产总值回归系数对应的解释变量是建设用地面积占比；人口密度回归系数对应的解释变量是林地面积占比。

(3) 2000—2020 年，自然与社会因素对四川省生态系统服务综合指数影响方式的变化特征如下：

①2000—2005 年，气候因素主导下的区域森林生态系统功能的提升。四川省以中亚热带季风性湿润气候为主，全年雨水充足，为当地森林植被的生长和发育提供了良好的水热条件，区域森林覆盖度较高，区域生态环境质量整体较好。此外，四川省实施了天然林保护、退耕还林等一系列生态林业建设工程，生态建设成效显著，这些都有助于发挥区域森林生态系统在提高土壤的抗侵蚀能力、延缓地表径流、增加土壤水分入渗量等方面的生态功能，最终体现在生态系统所能提供服务的整体能力上。

②2005—2010 年，人类活动因素介入下的草原生态系统服务供给能力的下降。随着四川省经济的快速发展，人口的快速膨胀带来了资源需求的持续增加，加大了区域生态系统服务的供给压力。突出表现为川西北高原天然草场过度放牧，导致当地草地退化、沙化、荒漠化等生态问题日益突出，牧区草地质量和生产能力退化，使得草原生态系统服务供给能力下降。

③2010—2015 年，人类活动加剧下的水生生态系统功能的退化以及区域生态环境质量的下降。在工业化、城镇化快速发展的背景下，四川省城市建设速度明显加快，经济发展与环境保护的矛盾日益突出。一方面，大规模修建水电站等设施导致自然湿地面积逐渐萎缩，部分湿地和河湖生态系统结构失稳，影响了区域水生生态系统在调节水循环、净化环境等方面的功能；另一方面，城镇、工业和交通等基础设施建设对区域生态系统的负面影响愈发明显，造成工程项目区大量生态空间被挤占，生态环境遭到破坏，区域生态环境质量下降，进而间接影响区域生态系统服务的整体供给能力。

④2015—2020 年，全球气候变化和人类高强度活动双重扰动下的区域生态潜在风险加大。一方面，四川省处于城镇化、工业化加速推进的时期，对各类资源的需求持续快速增长，各类基础设施建设（如水电站）和矿产资源开发等人类活动强度进一步加大，区域生态环境质量将进一步受到威胁；另一方面，全球气候变化，特别是高温、极端降水、干旱等极端天气，导致四川省森林草原火灾、森林草原病虫害和外来生物入侵等潜在生态风险日益加大，即四川省生态系统服务可持续供给面临来自全球气候变化和人类高强度活动的双重挑战。

(4) 驱动因素对四川省生态系统服务综合指数影响方式的变化规律：高空间异质性区域生态系统服务受到自然与社会因素的共同作用，但二者在影响方式上存在明显差异。其中，自然因素是生态系统服务供给的自然环境本底，主要是通过水热条件改变区域内不同生态系统的空间分布和植被生长状况，进而影响区域生态系统服务的整体供给能力；而社会因素主要是通过不同强度与类型的土地开发利用活动快速改变区域内生态系统的类型、空间分布格局和生态环境质量，进而影响区域生态系统服务的整体供给能力。此外，自然与社会因素对高空间异质性区域生态系统服务影响方式的变化过程具有不同的时间和空间尺度特征。自然因素对生态系统服务的影响方式在短时期内相对稳定，存在长期性且全局性的控制作用。社会因素对生态系统服务的影响方式往往具有剧烈性、快速性且局部性的特点。

7 结论与展望

7.1 结论

  驱动因素与生态系统服务之间的关系存在复杂化、动态化的特点。同时，由于生态系统的复杂性，使得驱动因素对生态系统服务的影响，特别是在高空间异质性区域，往往会涉及生态系统结构、生态系统过程、生态系统功能等诸多生态学信息。然而，目前有关驱动因素对生态系统服务的影响研究较少，不仅多个驱动因素对生态系统服务的共同影响的综合分析几乎没有，而且缺乏驱动因素对生态系统服务影响方式变化过程方面的研究，难以较为系统与全面地把握时空变化背景下，驱动因素对生态系统服务影响的变化特征与规律，更遑论支持基于生态系统服务供给水平的管理模式。因此，探究自然与社会因素对具有高空间异质性特征生态系统服务的影响及其变化过程，明晰驱动因素与生态系统服务之间的复杂关系，为区域生态系统管理提供理论支撑和具体对策建议，是本书拟解决的问题。

  首先，本书基于土地利用/覆被类型数据、气象数据、土壤数据、高程数据、归一化植被指数以及各类社会经济数据，以具有高度空间异质性特征的四川省作为研究对象，以 2000—2020 年为研究时段，运用 InVEST、RUSLE 等生态系统服务评估模型对四川省水生产、土壤保持、净初级生产力、碳固持和生境质量五项生态系统服务进行量化评估，并进一步分析其时序变化特征及空间分布特征；其次，采用空间叠加分析工具对生态系统服务综合指数进行计算，并对其时序变化特征、空间聚集特征及空间分布特征进行分析；再次，运用地理加权回归模型对驱动因素对生态系统服务综合指数的影响进行建模，并对其影响程度的时空分异特征进行分析；最后，基于概念模型、典型相关性分析以及驱动因素对生态系统服务综合指数的影响方式分析，归纳总结其变化特征与规律。同时，提出关于四川省区域生态可持续发展的优化建议，为四川省加强区域生态系统管理、扭转当前自然生态系统不断退化的趋势、维持区域生态系统服务的可持续供给能力提供参考。

（1）高空间异质性区域生态系统服务时空分布差异特征。

2000—2020年，四川省五项生态系统服务的时序变化特征存在一定的差异，空间分布具有明显的异质性特征。在时序变化特征方面，研究年限内四川省水生产、净初级生产力、碳固持以及生境质量呈现出波动变化趋势，土壤保持则呈现出先增加而后逐渐下降的变化趋势。在空间分布特征方面，研究年限内四川省水生产服务呈现出由西北向东南递增的空间分布规律，其高值区多位于川东南地区和川东地区等降水最充沛的地区，而低值区则集中在川西北的阿坝藏族羌族自治州和甘孜藏族自治州等降水较少的地区。土壤保持服务整体表现出由西南向东北减少的空间分布规律，其低值区和中值区分布广泛，而高值区则分布相对集中，主要位于四川省的南部和西南部等地区。净初级生产力整体呈现出中部高、西部低的空间分布规律，其高值区主要分布在四川省中部林地资源比较丰富的山区，包括四川盆地西部边缘、凉山彝族自治州和攀枝花市，而低值区主要集中在阿坝藏族羌族自治州和甘孜藏族自治州。碳固持整体呈现出中部高，西北部、东南部低的空间分布规律，高值区主要分布在四川省中部林地资源比较丰富的地区，包括阿坝藏族羌族自治州的南部和东部地区等地，而低值区主要集中在四川省农业用地、草原集中的四川盆地和高海拔的川西北地区。生态环境质量整体呈现出中部高、东南部低的空间分布规律，高值区主要分布在四川省林地资源比较丰富的中部山区，而低值区主要集中在四川盆地，这里是人类活动相对频繁，以及城镇建设用地和农田大量增加的区域。

（2）驱动因素对区域多种生态系统服务影响程度的空间分布差异特征。

2000—2020年，自然与社会因素对四川省生态系统服务综合指数的影响程度呈现出不同的空间分异特征。年均降水量对生态系统服务综合指数的影响以正向影响为主，呈现出中部低，西部、东部高的空间分布规律，其高值区和低值区分布零散，主要位于阿坝藏族羌族自治州和四川盆地，而中值区分布相对集中，且集聚特征更加明显。年均气温对生态系统服务综合指数的影响空间异质性特征明显，以正向影响为主，呈现出北部高、东北部低的空间分布规律，其高值区多位于甘孜藏族自治州和四川盆地东南部分地区，而低值区则集中在四川盆地的北部、东北部等地区。干燥度对生态系统服务综合指数的影响空间异质性特征明显，以正向影响为主。干燥度回归系数的中值区分布广泛，覆盖了四川省的整个中部及西部地区，而低值区和高值区则主要集中在四川盆地，其空间分布变化特征不明显。海拔对生态系统服务综合指数的影响有正负两个方向，影响程度空间分布差异特征明显，表现出东部高、西部低的空间分布规律，其空间分布情况变化特征较为显著。坡度对生态系统服务综合指数的影响以正向影响为主，影响程度空间分布差异明显，表现出东部高，中部、西部低的空间分布规律，其高值区主要集中在海拔较低的四川盆地，而低值区则多位于海拔较高的川西地区。人口密度对四川省生态系统服务综合指数的影响有正负两个方向，影响程度空间分布差异明显，其高值区和低值区主要集中在川西地区，而中值区覆盖了整个四川省的中部和东部地区。地区生产总值对生态系统服务综合指数的影响有正负两个方向，影响程度空间分布差异明显，其低值区和高值区分布零散，主要位于川西地区的阿坝藏族羌族自治州和甘孜藏族自治州，而中值区分布则集中于四川省的中部和东部地区，集聚特征更加明显。

（3）驱动因素对区域多种生态系统服务影响方式的变化特征。

2000—2020年，自然与社会因素对四川省生态系统服务综合指数的主要影响方式经历了以下四个阶段：

①2000—2005年，气候因素主导下的区域森林生态系统功能的提升。②2005—2010年，人类活动因素介入下的草原生态系统服务供给能力的下降。③2010—2015年，人类活动加剧下的水生生态系统功能的退化以及区域生态环境质量的下降。④2015—2020年，全球气候变化和高强度人类活动双重扰动下的区域潜在生态风险的加大。

7.2 展望

1. 生态系统服务类型的完善

本书仅从供给服务、调节服务以及支持服务三类中选择了水生产、土壤保持、净初级生产力、碳固持和生境质量五项生态系统服务进行四川省生态系统服务量化评估，且未考虑大多由人的主观感觉所决定的文化服务，因而无法全面代表区域生态系统为当地人类福祉提供的各种产品和服务。因此，在今后研究中，应基于联合国千年生态系统评估（MEA）生态系统服务分类体系，从供给服务、调节服务、支持服务、文化服务四个方面，结合研究区的区域生态环境特征与具体研究目的，进一步对区域生态系统服务类型进行筛选与完善，如粮食生产、水质净化、水源涵养、休闲游憩等，以更加全面而详细地反映当地的生态系统服务供给水平。

2. 驱动因素指标体系的补充

在驱动因素指标筛选过程中，由于数据限制、变量难以定量化等问题，一些可能的驱动因素，如规划因素、交通因素未纳入本书的驱动因素指标体系中。在今后的研究中，需考虑如何对驱动因素指标体系进行进一步的补充和完善，以进一步反映自然与社会驱动因素对生态系统服务的综合作用。同时，由于四川省空间异质性特征明显，不同区域在地形地貌、温度、降水、经济发展水平等方面均存在显著差异，不同生态系统服务驱动因素自身的大小及影响程度均可能受到一定的影响。因此，在未来高空间异质性区域相关研究中，需要对不同生态系统服务的主要驱动因素进行分区探讨，以提高研究结果的可靠性和适宜性。

3. 生态系统服务间的权衡协同关系

不同生态系统服务形成机制的相似性造就了生态系统服务间的单向或双向联系，生态系统提供的各项生态系统服务并非独立存在，不同生态系统服务间可能存在邻近效应，并表现出此消彼长的权衡关系或同增共减的协同关系。例如，Kragt 和 Robertson 等研究发现，农业施肥活动在增加农业产量的同时会导致授粉服务能力降低。由于本书重点探讨的是驱动因素对生态系统服务的影响，以揭示不同驱动因素与生态系统服务之间的复杂关系，故未涉及生态系统服务间的权衡协同关系。因此，在今后研究中，还需要考虑如何在构建驱动因素对生态系统服务影响分析的概念模型及进行实证研究时，既能够反映驱动因素与生态系统服务之间的层级递进关系，又能够体现出生态系统服务间的权衡协同关系。

参考文献

[1] 郝辑. 中国人类可持续发展水平的空间分异格局与影响因素研究 [D]. 长春：吉林大学，2021.

[2] United Nations. Transforming our world：the 2030 Agenda for Sustainable Development [EB/OL]. [2024－12－13]. https://digitallibrary. un. org/record/3923923?v=pdf.

[3] 井波. 供需视角下的人地系统可持续发展研究 [D]. 济南：山东师范大学，2021.

[4] 吴良镛. 人居环境科学导论 [M]. 北京：中国建筑工业出版社，2001.

[5] 李颜伶. 乡村振兴视角下南北乡村人居环境宜居性和景观特征差异性研究 [D]. 雅安：四川农业大学，2020.

[6] Millennium Ecosystem Assessment. Ecosystems and human well-being：synthesis [M]. Washington，D C：Island Press，2005.

[7] 王嘉丽，周伟奇. 生态系统服务流研究进展 [J]. 生态学报，2019，39（12）：4213－4222.

[8] Daily G C，Söderqvist T，Aniyar S，et al. The value of nature and the nature of value [J]. Science，2000，289（5478）：395－396.

[9] Bennett E M，Peterson G D，Gordon L J. Understanding relationships among multiple ecosystem services [J]. Ecological Letters，2009，12（12）：1394－1404.

[10] 傅伯杰. 生态系统服务与生态安全 [M]. 北京：高等教育出版社，2013.

[11] 祁兴芬. 区域农田生态系统正、负服务价值时空变化及影响因素分析——以山东省为例 [J]. 农业现代化研究，2013，34（5）：622－626.

[12] 傅伯杰. 生态系统服务与生态系统管理 [J]. 学会，2013（6）：11－12.

[13] Barrett C B，Travis A J，Dasgupta P. On biodiversity conservation and poverty traps [J]. Proceedings of the National Academy of Sciences of

the United States of America,2011,108(34):13907−13912.

[14] 林昕瑶. 可持续发展视角下城市建设用地优化利用研究[D]. 福州：福建师范大学，2021.

[15] 陈彧. 湖北省土地生态服务价值时空分异及驱动因素研究[D]. 北京：中国地质大学，2015.

[16] 黄勤. 我国省域生态文明建设的特点、模式及对策[J]. 贵州社会科学，2012（4）：61−65.

[17] 朱芳. 四川省县域耕地多功能评价及分区研究[D]. 成都：四川师范大学，2019.

[18] Rao E，Xiao Y. Spatial characteristics and effects of soil conservation service in Sichuan Province[J]. Acta Ecologica Sinica，2018，38（24）：8741−8749.

[19] 左玲丽. 基于县域尺度的四川省城市化对生态系统服务价值的影响研究[D]. 成都：四川师范大学，2022.

[20] 霍冉. 煤炭资源型城市生态系统服务与人类福祉关系研究[D]. 北京：中国矿业大学，2020.

[21] Wang L J，Zheng H，Wen Z，et al. Ecosystem service synergies trade-offs informing the supply-demand match of ecosystem services：Framework and application[J]. Ecosystem Services，2019，37：100939.

[22] Cumming Graeme S，Buerkert Andreas，Hoffmann Ellen M，et al. Implications of agricultural transitions and urbanization for ecosystem services[J]. Nature，2014，515（7525）：50−57.

[23] Zhang J，Li X M，Buyantuev A，et al. How do trade-offs and synergies between ecosystem services change in the long period? The Case Study of Uxin, Inner Mongolia, China[J]. Sustainability，2019，11（21）：6041.

[24] 何星. 川西北高原藏区乡村生态旅游发展及扶贫效应研究[D]. 成都：西南民族大学，2020.

[25] 王效科，苏跃波，任玉芬，等. 城市生态系统：高度空间异质性[J]. 生态学报，2020，40（15）：5103−5112.

[26] 胡昂，吴俣思，黄莹，等. 高空间异质性区域生态系统服务供需与驱动力分析——以四川省为例[J]. 长江流域资源与环境，2022，31（5）：1062−1076.

[27] 王紫晨. 川西农牧交错带生态系统服务权衡与协同关系研究[D]. 成都：

四川师范大学，2022.

[28] 戴尔阜，王晓莉，朱建佳，等. 生态系统服务权衡/协同研究进展与趋势展望 [J]. 地球科学进展，2015，30（11）：1250-1259.

[29] Zhang Y, Liu Y F, Pan J W, et al. Exploring spatially non-stationary and scale-dependent responses of ecosystem services to urbanization in wuhan, China [J]. International Journal of Environmental Research and Public Health, 2020, 17 (9): 2989.

[30] Bai Y, Chen Y, Alatalo J M, et al. Scale effects on the relationships between land characteristics and ecosystem services-a case study in Taihu Lake Basin, China [J]. Science of The Total Environment, 2020, 716: 137083.

[31] Cui F Q, Tang H P, Zhang Q, et al. Integrating ecosystem services supply and demand into optimized management at different scales: A case study in Hulunbuir, China [J]. Ecosystem Services, 2019, 39: 100984.

[32] Shen W, Zheng Z C, Pan L, et al. A integrated method for assessing the urban ecosystem health of rapid urbanized area in China based on SFPHD framework [J]. Ecological Indicators, 2021, 121: 107071.

[33] Xu S N, Liu Y F, Wang X, et al. Scale effect on spatial patterns of ecosystem services and associations among them in semi-arid area: A case study in Ningxia Hui Autonomous Region, China [J]. Science of The Total Environment, 2017, 598: 297-306.

[34] Syrbe R U, Walz U. Spatial indicators for the assessment of ecosystem services: Providing, benefiting and connecting areas and landscape metrics [J]. Ecological Indicators, 2012, 21: 80-88.

[35] Gomes E, Inácio M, Bogdzevič K, et al. Future land-use changes and its impacts on terrestrial ecosystem services: A review [J]. Science of The Total Environment, 2021, 781: 146716.

[36] 郑华，欧阳志云，赵同谦，等. 人类活动对生态系统服务功能的影响 [J]. 自然资源学报，2003（1）：118-126.

[37] 张甜. 大宁河流域土地利用/覆被变化与生态系统服务权衡研究 [D]. 重庆：西南大学，2018.

[38] Feng M J, Wu C Y, Jin X F, et al. Effects of vegetation and climate on the changes of soil erosion in the loess plateau of China [J]. Science of

the Total Environment, 2021, 773: 145514.

[39] 李娜娜. 四川省湿地景观格局时空演变与驱动力研究 [D]. 雅安：四川农业大学, 2020.

[40] 邓旭艳. 丘陵区水电工程建设对河流湿地生态的影响及调控措施研究 [D]. 雅安：四川农业大学, 2016.

[41] 白永飞, 黄建辉, 郑淑霞, 等. 草地和荒漠生态系统服务功能的形成与调控机制 [J]. 植物生态学报, 2014, 38 (2): 93-102.

[42] 傅伯杰, 张立伟. 土地利用变化与生态系统服务：概念、方法与进展 [J]. 地理科学进展, 2014, 33 (4): 441-446.

[43] 赵文武, 刘月, 冯强, 等. 人地系统耦合框架下的生态系统服务 [J]. 地理科学进展, 2018, 37 (1): 139-151.

[44] 吕荣芳. 宁夏沿黄城市带生态系统服务时空权衡关系及其驱动机制研究 [D]. 兰州：兰州大学, 2019.

[45] Primmer E, Jokinen P, Blicharska M, et al. Governance of ecosystem services: A framework for empirical analysis [J]. Ecosystem Services, 2015, 16: 158-166.

[46] 杨洁. 黄河流域草地生态系统服务功能及其权衡协同关系研究 [D]. 兰州：甘肃农业大学, 2021.

[47] Zhang B, Shi Y T, Wang S. A review on the driving mechanisms of ecosystem services change [J]. Journal of Resources and Ecology, 2022, 13 (1): 68-79.

[48] 刘绿怡, 刘慧敏, 任嘉衍, 等. 生态系统服务形成机制研究进展 [J]. 应用生态学报, 2017, 28 (8): 2731-2738.

[49] 吴蒙. 长三角地区土地利用变化的生态系统服务响应与可持续性情景模拟研究 [D]. 上海：华东师范大学, 2017.

[50] Pereira P. Ecosystem services in a changing environment [J]. Science of The Total Environment, 2020, 702: 135008.

[51] Raudsepp-Hearne C, Peterson G, Bennett E. Ecosystem service bundles for analyzing tradeoffs in diverse landscapes [J]. Proceedings of the National Academy of Sciences of the United States of America, 2010, 107: 5242-5247.

[52] 林华荣. 广州市生态系统服务价值的时空演变及其驱动机制分析 [D]. 广州：广州大学, 2019.

[53] 杨超. 中原城市群土地生态服务价值空间分布及社会驱动因素差异研究［D］. 石家庄：河北经贸大学，2018.

[54] 李振基，陈小麟，郑海雷. 生态学［M］. 4版. 北京：科学出版社，2014：1-32.

[55] Odum E P，Barrett G W. 生态学基础［M］. 北京：高等教育出版社，2009.

[56] 曹凑贵. 生态学概论［M］. 3版. 北京：高等教育出版社，2006.

[57] 杨持. 生态学［M］. 2版. 北京：高等教育出版社，2008.

[58] 林育真，付荣恕. 生态学［M］. 2版. 北京：科学出版社，2011.

[59] 林文雄. 生态学［M］. 2版. 北京：科学出版社，2013.

[60] 戈峰. 现代生态学［M］. 北京：科学出版社，2008.

[61] Lyons K G，Brigham C A，Traut B H，et al. Rare species and ecosystem functioning［J］. Conservation Biology，2005，19（4）：1019-1024.

[62] 戴君虎，王焕炯，王红丽，等. 生态系统服务价值评估理论框架与生态补偿实践［J］. 地理科学进展，2012，31（7）：963-969.

[63] Odum E P. Fundamentals of ecology［M］. 5th ed. Boston：Cengage Learning，1971.

[64] Ehrlich Paul，Ehrlich A. Extinction：the causes of consequences of the disappearance of species［M］. New York：Random House，1981.

[65] Daily G R. Nature's services：societal dependence on natural ecosystems［M］. Washing D C：Island Press，1997.

[66] Groot R S D，Wilson M A，Boumans R M J. A typology for the classification，description and valuation of ecosystem functions，goods and services［J］. Ecological Economics，2002，41（3）：393-408.

[67] Costanza R，D'arge R，De. Groot R，et al. The value of the world's ecosystem services and natural capital［J］. Nature，1997，387（6630）：253-260.

[68] Wallace K J. Classification of ecosystem services：Problems and solutions［J］. Biological Conservation，2007，139（3）：235-246.

[69] Fisher B，Turner R K，Morling P. Defining and classifying ecosystem services for decision making［J］. Ecological economics，2009，68（3）：643-653.

[70] Boyd J，Banzhaf S. What are ecosystem services？ The need for

standardized environmental accounting units [J]. Ecological Economics, 2010, 63 (2): 616−626.

[71] 欧阳志云, 王如松, 赵景柱. 生态系统服务功能及其生态经济价值评价 [J]. 应用生态学报, 1999, 10 (5): 635−640.

[72] 张志强, 徐中民, 程国栋. 生态系统服务与自然资本价值评估 [J]. 生态学报, 2001 (11): 1918−1926.

[73] 谢高地, 肖玉, 鲁春霞. 生态系统服务研究: 进展、局限和基本范式 [J]. 植物生态学报, 2006 (2): 191−199.

[74] 柳冬青. 流域生态系统服务时空权衡与协同关系研究 [D]. 兰州: 兰州大学, 2019.

[75] 李琰, 李双成, 高阳, 等. 连接多层次人类福祉的生态系统服务分类框架 [J]. 地理学报, 2013, 68 (8): 1038−1047.

[76] 韩艳莉. 气候与景观格局变化对青海湖流域生态系统服务的影响 [D]. 西宁: 青海师范大学, 2021.

[77] 曾琳. 区域发展对生态系统的影响分析模型及其应用 [D]. 北京: 清华大学, 2015.

[78] 王其翔, 唐学玺. 海洋生态系统服务的产生与实现 [J]. 生态学报, 2009, 29 (5): 2400−2406.

[79] 冯剑丰, 李宇, 朱琳. 生态系统功能与生态系统服务的概念辨析 [J]. 生态环境学报, 2009, 18 (4): 1599−1603.

[80] 谢高地, 鲁春霞, 成升魁. 全球生态系统服务价值评估研究进展 [J]. 资源科学, 2001 (6): 5−9.

[81] Tansley A. The use and abuse of vegetation concepts and terms [J]. Ecology, 1935, 16: 284−307.

[82] Osborn F. Our plundered planet [M]. New York: Little, Brown and Company, 1948.

[83] 黄龙生. 呼伦贝尔市森林生态系统多功能变化与综合效益耦合研究 [D]. 北京: 中国林业科学研究院, 2019.

[84] Ehrlich P. The Population Bomb [M]. New York: Buccaneer Books, 1995.

[85] Wilson C L, Matthews W. Man's impact on the global environment: assessment and recommendation for action [M]. Cambridge: MIT Press, 1970.

[86] Holdren J P, Ehrlich P R. Human population and the global environment [J]. American Scientist, 1974, 62 (3): 282-292.

[87] Westman W E. How much are nature's services worth? [J]. Science, 1977, 197: 960-964.

[88] 高婧明. 成都市耕地生态系统服务价值支付意愿及其影响因素研究 [D]. 雅安: 四川农业大学, 2015.

[89] 金旸. 基于 GIS 的县（市、区）生态环境功能区划及管理方法研究 [D]. 杭州: 浙江大学, 2012.

[90] Costanza R, Arge-Groot R D, et al. The value of the world's ecosystem services and natural capital [J]. Nature, 1997, 387 (15): 253-260.

[91] 刘晓荻. 生态系统服务 [J]. 环境导报, 1998 (1): 44-45.

[92] 孙刚, 盛连喜, 周道玮. 生态系统服务及其保护策略 [J]. 应用生态学报, 1999 (3): 110-113.

[93] 欧阳志云, 王效科, 苗鸿. 中国陆地生态系统服务功能及其生态经济价值的初步研究 [J]. 生态学报, 1999 (5): 19-25.

[94] 辛琨, 肖笃宁. 生态系统服务功能研究简述 [J]. 中国人口·资源与环境, 2000 (S1): 21-23.

[95] Margaret P. Ecology for a crowded planet. [J]. Science, 2004, 304 (5675): 1251-1252.

[96] Moran E, Ojima D, Buchmann N, et al. Global Land Project (GLP) science plan and implementation strategy [R/OL]. [2024-12-13]. Global Land Project: Science Plan and ImplementationStrategy - UNT Digital Library.

[97] Sutherland W J, Armstrong B S, Armsworth P R, et al. The identification of 100 ecological questions of high policy relevance in the UK [J]. Journal of applied ecology, 2006, 43 (4): 617-627.

[98] 寿飞云. 基于生态系统服务供求评价的空间分异特征与生态格局划分 [D]. 杭州: 浙江大学, 2020.

[99] 赵景柱, 徐亚骏, 肖寒, 等. 基于可持续发展综合国力的生态系统服务评价研究——13 个国家生态系统服务价值的测算 [J]. 系统工程理论与实践, 2003 (1): 121-127.

[100] 陈仲新, 张新时. 中国生态系统效益的价值 [J]. 科学通报, 2000 (1): 17-22.

[101] 毕晓丽,葛剑平. 基于 IGBP 土地覆盖类型的中国陆地生态系统服务功能价值评估 [J]. 山地学报, 2004 (1): 48-53.

[102] 张志国,卫建军. 退耕还林(草)对延河下游流域生态系统服务价值的影响 [J]. 中国生态农业学报, 2008 (3): 737-740.

[103] Muleta T T, Biru M K. Human modified landscape structure and its implication on ecosystem services at Guder watershed in Ethiopia [J]. Environmental Monitoring and Assessment, 2019, 191 (5): 1-16.

[104] 白杨,欧阳志云,郑华,等. 海河流域森林生态系统服务功能评估 [J]. 生态学报, 2011, 31 (7): 2029-2039.

[105] 冉圣宏,李秀彬,吕昌河. 土地覆被及生态服务价值变化的多时间尺度模拟——以四川省渔子溪流域为例 [J]. 地理学报, 2006 (10): 1113-1120.

[106] Gren I M, Groth K H, Sylvén M. Economic values of danube floodplains [J]. Journal of Environmental Management, 1995, 45 (4): 333-345.

[107] 赵同谦,欧阳志云,郑华,等. 中国森林生态系统服务功能及其价值评价 [J]. 自然资源学报, 2004 (4): 480-491.

[108] 谢高地,鲁春霞,肖玉,等. 青藏高原高寒草地生态系统服务价值评估 [J]. 山地学报, 2003 (1): 50-55.

[109] Andrew S F, Moraes A S. Global valuation of ecosystem services: application to the Pantanal da Nhecolandia, Brazil [J]. Ecological Economics, 2000, 33 (1): 1-6.

[110] 吴玲玲,陆健健,童春富,等. 长江口湿地生态系统服务功能价值的评估 [J]. 长江流域资源与环境, 2003 (5): 411-416.

[111] 张恩伟. 滇中城市群产水服务和土壤保持服务时空格局演变及其影响因素研究 [D]. 昆明: 云南师范大学, 2021.

[112] 苏凯. 北方国家生态屏障区生态系统格局、质量、服务及其辐射效应评估研究 [D]. 北京: 北京林业大学, 2021.

[113] Butler J R A, Wong G Y, Metcalfe D J, et al. An analysis of trade-offs between multiple ecosystem services and stakeholders linked to land use and water quality management in the Great Barrier Reef, Australia [J]. Agriculture, Ecosystems & Environment, 2013, 180: 176-191.

[114] Schirpke U, Egarter V L, Tasser E, et al. Analyzing spatial

congruencies and mismatches between supply, demand and flow of ecosystem services and sustainable development [J]. 2019, 11(8): 2227.

[115] Burkhard B, Kroll F, Nedkov S, et al. Mapping ecosystem service supply, demand and budgets [J]. Ecological Indicators, 2012, 21: 17-29.

[116] Meacham M, Queiroz C, Norström A V, et al. Social-ecological drivers of multiple ecosystem services: what variables explain patterns of ecosystem services across the Norrström drainage basin? [J]. Ecology and Society, 2016, 21(1): 14.

[117] 刘迪, 陈海, 张行, 等. 黄土丘陵沟壑区生态系统服务对人类福祉的影响及其群体差异 [J]. 地理研究, 2022, 41(5): 1298-1310.

[118] 李双成. 生态系统服务地理学 [M]. 北京: 科学出版社, 2014.

[119] Freeman A M. The Measurement of Environmental and Resource Values: Theory and Methods [M]. 2th ed. New York: Routledge, 2003.

[120] 李建勇, 陈桂珠. 生态系统服务功能体系框架整合的探讨 [J]. 生态科学, 2004, 23(2): 179-183.

[121] 刘纪远, 邵全琴, 樊江文. 三江源区草地生态系统综合评估指标体系 [J]. 地理研究, 2009, 28(2): 273-283.

[122] 董全. 生态功益: 自然生态过程对人类的贡献 [J]. 应用生态学报, 1999(2): 106-113.

[123] 孙刚, 盛连喜, 冯江. 生态系统服务的功能分类与价值分类 [J]. 环境科学动态, 2000(1): 19-22.

[124] Pearce D, Pearce C, Palmer C. Valuing the Environment in Developing Countries: Case Studies [M]. London: Edward Elgar Publishing, 2002.

[125] 谢高地, 甄霖, 鲁春霞, 等. 一个基于专家知识的生态系统服务价值化方法 [J]. 自然资源学报, 2008(5): 911-919.

[126] 张彪, 谢高地, 肖玉, 等. 基于人类需求的生态系统服务分类 [J]. 中国人口·资源与环境, 2010, 20(6): 64-69.

[127] 陈美田. 上海海洋生态系统服务功能及价值的时空变化和影响因素研究 [D]. 上海: 华东师范大学, 2019.

[128] 范钦栋. 郑汴一体化核心区域景观格局变化对生态系统服务的影响研究 [D]. 开封: 河南大学, 2016.

[129] Odum H T, Odum E P. The energetic basis for valuation of ecosystem services [J]. Ecosystems, 2000, 3 (1): 21–23.

[130] Alam M, Dupras J, Messier C. A framework towards a composite indicator for urban ecosystem services [J]. Ecological Indicators, 2016, 60: 38–44.

[131] Grillos T. Economic vs non-material incentives for participation in an in-kind payments for ecosystem services program in Bolivia [J]. Ecological Economics, 2017, 131: 178–190.

[132] Olschewski R, Klein A M, Tscharntke T. Economic trade-offs between carbon sequestration, timber production, and crop pollination in tropical forested landscapes [J]. Ecological Complexity, 2010, 7 (3): 314–319.

[133] 王亚璐. 基于城乡梯度的生态系统服务供需研究 [D]. 太原: 山西大学, 2019.

[134] Porter J, Costanza R, Sandhu H, et al. The value of producing food, energy, and ecosystem services within an agro-ecosystem [J]. Ambio: A Journal of the Human Environment, 2009, 38 (4): 186–193.

[135] 于娜. 毛乌素沙地生态系统服务时空格局及其驱动力分析 [D]. 北京: 北京林业大学, 2018.

[136] Tallis H, Ricketts T H, Daily G C, et al. Natural capital: theory and practice of mapping ecosystem services [M]. London: Oxford University Press, 2011.

[137] 于媛. 哈长城市群生态系统服务时空变化研究 [D]. 延吉: 延边大学, 2021.

[138] Bagstad K J, Villa F, Johnson G W, et al. ARIES (Artificial Intelligence for Ecosystem Services): A guide to models and data, version 1.0 [R]. USA: The ARIES Consortium, 2011.

[139] Boumans R, Roman J, Altman I, et al. The multiscale integrated model of ecosystem services (MIMES): simulating the interactions of coupled human and natural systems [J]. Ecosystem Services, 2015, 12: 1302–1319.

[140] Sherrouse, C B, Clement, et al. A GIS application for assessing, mapping and quantifying the social values of ecosystem services. [J].

Applied Geography, 2011, 31 (2): 748-760.

[141] Redhead J W, Stratford C, Sharps K, et al. Empirical validation of the InVEST water yield ecosystem service model at a national scale [J]. Science of The Total Environment, 2016, 569-570: 1418-1426.

[142] Isbell F, Tilman D, Polasky S, et al. The biodiversity-dependent ecosystem service debt [J]. Ecology Letters, 2015, 18 (2): 119-134.

[143] Li J, Zhou Z X. Natural and human impacts on ecosystem services in Guanzhong-Tianshui economic region of China [J]. Environmental Science and Pollution Research, 2016, 23 (7): 6803-6815.

[144] Nelson E J, Kareiva P, Ruckelshaus M, et al. Climate change's impact on key ecosystem services and the human well-being they support in the US [J]. Frontiers in Ecology and the Environment, 2013, 11 (9): 483-893.

[145] Chiang L C, Lin Y P, Huang T, et al. Simulation of ecosystem service responses to multiple disturbances from an earthquake and several typhoons [J]. Landscape and Urban Planning, 2014, 122: 41-55.

[146] 李保平, 孟玲. 气候变化对农业外来物种入侵的影响 [C]. 海口: 第三届全国生物入侵大会, 2010.

[147] Terrado M, Acuna V, Ennaanay D, et al. Impact of climate extremes on hydrological ecosystem services in a heavily humanized Mediterranean basin [J]. Ecological Indicators, 2014, 37: 199-209.

[148] Wood E M, Pidgeon A M. Extreme variations in spring temperature affect ecosystem regulating services provided by birds during migration [J]. Ecosphere, 2015, 6 (11): 1-16.

[149] Rahman S, Rahman H, Shahid S, et al. The impact of cyclone aila on the sundarban forest ecosystem [J]. International Journal of Ecology & Development, 2017, 32 (1): 87-97.

[150] Trumbore S, Brando P, Hartmann H. Forest health and global change [J]. Science, 2015, 349 (6250): 814-818.

[151] Bahn M, Erb K, Hasibeder R, et al. Climate extremes and land-use change: Effects on ecosystem processes and services [C]. Vienna, EGU General Assembly, 2016.

[152] 张明军, 周立华. 气候变化对中国森林生态系统服务价值的影响 [J].

干旱区资源与环境，2004（2）：40-43.

[153] 徐雨晴，於琍，周波涛，等. 气候变化背景下未来中国草地生态系统服务价值时空动态格局［J］. 生态环境学报，2017，26（10）：1649-1658.

[154] Shaw M R, Pendleton L, Cameron D R, et al. The impact of climate change on California's ecosystem services［J］. Climatic Change, 2011, 109（1）：465-484.

[155] Lam V W Y, Cheung W W L, Reygondeau G, et al. Projected change in global fisheries revenues under climate change［EB/OL］.［2024-12-13］. https://www.nature.com/articles/srep32607.

[156] 冯晓玙，黄斌斌，李若男，等. 三江源区生态系统和土壤保持服务对未来气候变化的响应特征［J］. 生态学报，2020，40（18）：6351-6361.

[157] Rocca M E, Miniat C F, Mitchell R J. Introduction to the regional assessments: Climate change, wildfire, and forest ecosystem services in the USA［J］. Forest Ecology and Management, 2014, 327：265-268.

[158] 魏堃. 伊犁河流域生态系统服务时空变化特征及其影响因素分析［D］. 兰州：西北师范大学，2020.

[159] Ding H, Chiabai A, Silvestri S, et al. Valuing climate change impacts on European forest ecosystems［J］. Ecosystem Services, 2016, 18：141-153.

[160] Marshall J M. Influence of topography, bare sand, and soil pH on the occurrence and distribution of plant species in a lacustrine dune ecosystem［J］. The Journal of the Torrey Botanical Society, 2014, 141（1）：29-38.

[161] 苏常红，王亚璐. 汾河上游流域生态系统服务变化及驱动因素［J］. 生态学报，2018，38（22）：7886-7898.

[162] Stewart K J, Grogan P, Darwyn S. Coxson, et al. Topography as a key factor driving atmospheric nitrogen exchanges in arctic terrestrial ecosystems［J］. Soil Biology and Biochemistry, 2014, 70：96-112.

[163] 勾蒙蒙. 亚热带次生林生态系统服务权衡与协同分析［D］. 长沙：中南林业科技大学，2017.

[164] 张玲玲. 甘肃白龙江流域生态系统服务评估及影响因素［D］. 兰州：兰州大学，2016.

[165] 张晗. 基于GIS和InVEST模型的安远县生态系统服务功能评价［D］.

南昌：江西农业大学，2019.

[166] Estoque R C，Murayama Y. Examining the potential impact of land use/cover changes on the ecosystem services of Baguio city，the Philippines：A scenario-based analysis [J]. Applied Geography，2012，35（1）：316-326.

[167] Tolessa T，Senbeta F，Kidane M. The impact of land use/land cover change on ecosystem services in the central highlands of Ethiopia [J]. Ecosystem Services，2017，23：47-54.

[168] Wang Y H，Dai E，Yin L，et al. Land use/land cover change and the effects on ecosystem services in the Hengduan Mountain region，China [J]. Ecosystem Services，2018，34：55-67.

[169] Peng J，Tian L，Zhang Z M，et al. Distinguishing the impacts of land use and climate change on ecosystem services in a karst landscape in China [J]. Ecosystem Services，2020，46：101199.

[170] 李锋，叶亚平，宋博文，等. 城市生态用地的空间结构及其生态系统服务动态演变——以常州市为例 [J]. 生态学报，2011，31（19）：5623-5631.

[171] Haase D，Schwarz N，Strohbach M，et al. Synergies，trade-offs and losses of ecosystem services in urban regions：an integrated multiscale framework applied to the leipzig-Halle region，Germany [J]. Ecology and Society，2012，17：22.

[172] 贾琦. LUCC影响下近30年荥阳市生态系统服务价值演变特征研究 [J]. 安全与环境工程，2020，27（6）：95-103.

[173] 伍星，沈珍瑶，刘瑞民，等. 土地利用变化对长江上游生态系统服务价值的影响 [J]. 农业工程学报，2009，25（8）：236-241.

[174] Sharma R，Nehren U，Rahman S A，et al. Modeling land use and land cover changes and their effects on biodiversity in central kalimantan，Indonesia [J]. Land，2018，7（2）：57.

[175] Shoyama K，Yamagata Y. Predicting land-use change for biodiversity conservation and climate-change mitigation and its effect on ecosystem services in a watershed in Japan [J]. Ecosystem Services，2014，8：25-34.

[176] Geneletti D. Assessing the impact of alternative land-use zoning policies

on future ecosystem services [J]. Environmental impact assessment review 2013, 40: 25-35.

[177] Wang Y, Li X M, Zhang Q, et al. Projections of future land use changes: Multiple scenarios-based impacts analysis on ecosystem services for Wuhan city, China [J]. Ecological Indicators, 2018, 94: 430-445.

[178] 郝利文. 晋北地区典型森林生态系统服务功能及影响因素分析 [D]. 呼和浩特: 内蒙古农业大学, 2021.

[179] Li B J, Chen D X, Wu S H, et al. Spatio-temporal assessment of urbanization impacts on ecosystem services: Case study of Nanjing city, China [J]. Ecological Indicators, 2016, 71: 416-427.

[180] 孙晨. 土地利用变化的人文驱动因素对和田市生态系统服务价值的影响 [D]. 乌鲁木齐: 新疆大学, 2014.

[181] 李湘德. 长江经济带生态系统服务价值测算及影响因素研究 [D]. 南昌: 江西财经大学, 2019.

[182] Zhang Z M, Peng J, Xu Z H, et al. Ecosystem services supply and demand response to urbanization: A case study of the Pearl River Delta, China [J]. Ecosystem Services, 2021, 49: 101274.

[183] 刘丹. 基于SEM的森林生态系统服务功能影响因素实证研究 [D]. 北京: 北京林业大学, 2012.

[184] 胡鑫, 吴成亮. 京津冀地区湿地生态系统服务影响因素研究 [J]. 中南林业科技大学学报（社会科学版）, 2019, 13 (5): 40-49.

[185] 潘梅. 京津冀地区生态系统时空变化和驱动因素分析 [D]. 桂林: 桂林理工大学, 2020.

[186] Li F, Zhang S W, Yang J C, et al. Effects of land use change on ecosystem services value in West Jilin since the reform and opening of China [J]. Ecosystem Services, 2018, 31: 12-20.

[187] Lü Y H, Fu B J, Feng X M, et al. A policy-driven large scale ecological restoration: Quantifying ecosystem services changes in the Loess Plateau of China [J]. PLOS One, 2012, 7 (2): e31782.

[188] Sutton P C, Costanza R. Global estimates of market and non-market values derived from nighttime satellite imagery, land cover, and ecosystem service valuation [J]. Ecological Economics, 2002, 41 (3):

509-527.

[189] 吴迎霞. 海河流域生态服务功能空间格局及其驱动机制 [D]. 武汉：武汉理工大学，2013.

[190] 曾杰，李江风，姚小薇. 武汉城市圈生态系统服务价值时空变化特征 [J]. 应用生态学报，2014，25（3）：883-891.

[191] Wang S，Zhang B，Wang S，et al. Dynamic changes in water conservation in the Beijing-Tianjin sandstorm source control project area：A case study of Xilingol League in China [J]. Journal of Cleaner Production，2021，293：126054.

[192] 杜加强，贾尔恒·阿哈提，赵晨曦，等. 1982—2012年新疆植被NDVI的动态变化及其对气候变化和人类活动的响应 [J]. 应用生态学报，2015，26（12）：3567-3578.

[193] 李素晓. 京津冀生态系统服务演变规律与驱动因素研究 [D]. 北京：北京林业大学，2019.

[194] Lobell D B，Schlenker W，Costa-Roberts J. Climate trends and global crop production since 1980 [J]. Science，2011，333（6042）：616-620.

[195] 刘洋. 生态系统服务时空分异特征及驱动力研究 [D]. 南京：南京大学，2016.

[196] 饶恩明，肖燚. 四川省生态系统土壤保持功能空间特征及其影响因素 [J]. 生态学报，2018，38（24）：8741-8749.

[197] Ndehedehe C E，Agutu N O，Okwuashi O. Is terrestrial water storage a useful indicator in assessing the impacts of climate variability on crop yield in semi-arid ecosystems？ [J]. Ecological Indicators，2018，88：51-62.

[198] 吴柏秋. 三江源地区草地载畜功能与水土保持功能权衡与协同关系研究 [D]. 南昌：江西师范大学，2019.

[199] Sannigrahi S，Qi Z，Francesco P，et al. Responses of ecosystem services to natural and anthropogenic forcings：A spatial regression based assessment in the world's largest mangrove ecosystem [J]. The Science of the Total Environment，2020，715：1-13.

[200] 姚成胜，刘耀彬. 福建省生态系统服务价值变化对土地利用变化驱动因素的敏感性分析 [J]. 农业系统科学与综合研究，2010，26（1）：80-85.

[201] Renard D, Rhemtulla J M, Bennett E M. Historical dynamics in ecosystem service bundles [J]. Proceedings of the National Academy of Sciences, 2015, 112 (43): 13411-13416.

[202] Feng Q, Zhao W W, Fu B J, et al. Ecosystem service trade-offs and their influencing factors: A case study in the Loess Plateau of China [J]. Science of The Total Environment, 2017, 607-608: 1250-1263.

[203] Liu Y X, Lü Y H, Fu B J, et al. Quantifying the spatio-temporal drivers of planned vegetation restoration on ecosystem services at a regional scale [J]. Science of The Total Environment, 2019, 650: 1029-1040.

[204] 汪仕美, 靳甜甜, 燕玲玲, 等. 子午岭区生态系统服务权衡与协同变化及影响因素 [J]. 应用生态学报, 2022, 33 (11): 3087-3096.

[205] 张立强. 卢龙县耕地生态系统服务价值估算与影响因素关联分析 [D]. 保定: 河北农业大学, 2018.

[206] Yang M H, Gao X D, Zhao X N, et al. Scale effect and spatially explicit drivers of interactions between ecosystem services—A case study from the Loess Plateau [J]. Science of The Total Environment, 2021, 785: 147389.

[207] 韩鹏. 基于牧户的草地退化及其对生态系统服务的影响研究 [D]. 呼和浩特: 内蒙古大学, 2019.

[208] Ajaz A M A, Abd-Elrahman A, Escobedo F J, et al. Spatially-explicit modeling of multi-scale drivers of aboveground forest biomass and water yield in watersheds of the Southeastern United States [J]. Journal of Environmental Management, 2017, 199: 158-171.

[209] 朱振亚. 基于 LUCC 的京津冀地区生态服务价值及影响机制 [D]. 北京: 北京林业大学, 2018.

[210] Li C, Zhao J. Investigating the spatiotemporally varying correlation between urban spatial patterns and ecosystem services: A case study of Nansihu Lake Basin, China [J]. ISPRS International Journal of Geo-Information, 2019, 8. (8): 346-366.

[211] 邵明, 董宇翔, 林辰松. 基于 GWR 模型的成渝城市群生态系统服务时空演变及驱动因素研究 [J]. 北京林业大学学报, 2020, 42 (11):

118-129.

[212] 李明慧. 三峡库区生态系统服务特征及其变化模拟研究 [D]. 重庆：重庆工商大学，2021.

[213] Brunsdon C, Fotheringham S, Charlton M. Geographically weighted regression: A method for exploring spatial monstationarity [J]. Geographical Analysis, 1996, 28 (4): 281-289.

[214] Windle M, Rose G A, Devillers R, et al. Exploring spatial non-stationarity of fisheries survey data using geographically weighted regression (GWR): An example from the Northwest Atlantic [J]. Ices Journal of Marine Science, 2010, 67 (1): 145-154.

[215] 彭文甫，周介铭，杨存建，等. 基于土地利用变化的四川省生态系统服务价值研究 [J]. 长江流域资源与环境，2014，23 (7): 1053-1062.

[216] Li F, Zhang S W, Yang J C, et al. The effects of population density changes on ecosystem services value: A case study in Western Jilin, China [J]. Ecological Indicators, 2016, 61: 328-337.

[217] 吴维香. 福建省土地生态价值的动态评估及影响因素研究 [D]. 福州：福建师范大学，2020.

[218] 耿甜伟，陈海，张行，等. 基于GWR的陕西省生态系统服务价值时空演变特征及影响因素分析 [J]. 自然资源学报，2020，35 (7): 1714-1727.

[219] 李倩. 浙江省森林生态系统服务价值动态变化、地区分解及影响因素分析 [D]. 杭州：浙江农林大学，2020.

[220] 朱瑕. 江西省生态系统服务价值时空演变及其驱动因素分析 [D]. 南昌：东华理工大学，2021.

[221] 罗芳，潘安，陈忠升，等. 四川省土地利用变化对生态系统服务价值的影响研究 [J]. 云南农业大学学报（自然科学），2021，36 (4): 734-744.

[222] 马瑞芳. 基于土地利用的陕西省生态系统服务价值及影响因素研究 [D]. 西安：长安大学，2021.

[223] 董敏. 汾河上游流域生态系统服务时空变化及影响因素研究 [D]. 太原：山西大学，2020.

[224] 张宇硕，吴殿廷. 京津冀地区生态系统服务权衡的多尺度特征与影响因素解析 [J]. 地域研究与开发，2019，38 (3): 141-147.

[225] Chen W X, Chi G Q, Li J F. The spatial association of ecosystem services with land use and land cover change at the county level in China, 1995-

2015[J]. Science of The Total Environment, 2019, 669: 459−470.

[226] Sun X, Tang H, Yang P, et al. Spatiotemporal patterns and drivers of ecosystem service supply and demand across the conterminous United States: A multiscale analysis[J]. Science of the Total Environment, 2020, 703: 135005.

[227] Xie Y J, Ng C N. Exploring spatio-temporal variations of habitat loss and its causal factors in the Shenzhen River cross-border watershed[J]. Applied Geography, 2013, 39: 140−150.

[228] Spake R, Lasseur R, Crouzat E, et al. Unpacking ecosystem service bundles: Towards predictive mapping of synergies and trade-offs between ecosystem services[J]. Global Environmental Change, 2017, 47: 37−50.

[229] Wu X, Liu S, Zhao S, et al. Quantification and driving force analysis of ecosystem services supply, demand and balance in China[J]. The Science of the Total Environment, 2019, 652(20): 1375−1386.

[230] 罗鸿, 杨存建. 2005—2015年四川省土地利用变化及驱动力分析[J]. 生态科学, 2021, 40(1): 86−94.

[231] Li R W, Bennett J, Wang X H. Predicting environmental impacts for assessing land use change options in Sichuan Province, China[J]. Land Use Policy, 2013, 30(1): 784−90.

[232] 孙子舒. 基于GIS的四川省土地利用变化区域差异分析[J]. 现代物业, 2018(5): 156.

[233] Peng W, Zhou J, Yang C, et al. Research on ecosystem service values based on land use change in Sichuan Province[J]. Resour Environ Yangtze Basin, 2014, 23: 1053−1062.

[234] Liu Y M, Yang S N, Han C L, et al. Variability in regional ecological vulnerability: A case study of Sichuan Province, China[J]. International Journal of Disaster Risk Science, 2020, 11(6): 696−708.

[235] He X D, Mai X M, Shen G Q. Poverty and physical geographic factors: An empirical analysis of sichuan province using the GWR Model[J]. 2021, 13(1): 100.

[236] 铁晓航. 四川省绿色GDP核算与时空分异特征研究[D]. 成都: 四川师范大学, 2021.

[237] 冯熙钦. 四川省森林生态系统环境脆弱性评价[D]. 雅安: 四川农业

大学，2018.

[238] 曹文亚. 城镇化水平与资源环境压力空间耦合关系研究[D]. 成都：四川师范大学，2020.

[239] 曾志强. 四川省土地利用/覆盖变化及景观格局脆弱性[D]. 雅安：四川农业大学，2018.

[240] 李嵘. 四川省县域旅游公共服务空间格局与影响因素研究[D]. 成都：中国科学院大学（中国科学院水利部成都山地灾害与环境研究所），2020.

[241] 戴尔阜，王亚慧. 横断山区产水服务空间异质性及归因分析[J]. 地理学报，2020，75（3）：607-619.

[242] 林世伟. "三江并流"区生态系统服务空间权衡与协同关系研究[D]. 昆明：云南大学，2016.

[243] Sharp R, Chaplin-Kramer R, Wood S, et al. InVEST User's Guide[EB/OL].[2024-12-13]. https://www.scirp.org/reference/referencespapers?referenceid=3215717.

[251] Zhang L, Hickel K, Dawes W R, et al. A rational function approach for estimating mean annual evapotranspiration[J]. Water Resources Research，2004，40（2）：w02502.

[244] Zhang L, Dawes W R, Walker G R. Response of mean annual evapotranspiration to vegetation changes at catchment scale[J]. Water Resources Research，2001，37（3）：701-708.

[245] 潘翔. 基于InVEST模型的生态系统服务权衡协同关系研究[D]. 兰州：西北师范大学，2018.

[246] Zhou W Z, Liu G H, Pan J J, et al. Distribution of available soil water capacity in China[J]. Journal of Geographical Sciences，2005，15（1）：3-12.

[247] Ausseil A, Dymond J R, Kirschbaum M, et al. Assessment of multiple ecosystem services in New Zealand at the catchment scale[J]. Environmental Modelling & Software，2013，43（5）：37-48.

[248] 李理，赵芳，朱连奇，等. 淇河流域生态系统服务权衡及空间分异机制的地理探测[J]. 生态学报，2021，41（19）：7568-7578.

[249] Renard K G, Foster G R, Weesies G A, et al. RUSLE：Revised universal soil loss equation[J]. Journal Soil & Water Conservation,

1991, 46 (1): 30-33.

[250] Qiao X N, Gu Y Y, Zou C X, et al. Temporal variation and spatial scale dependency of the trade-offs and synergies among multiple ecosystem services in the Taihu Lake Basin of China [J]. Science of The Total Environment, 2019, 651: 218-229.

[251] 陈峰,李红波. 基于GIS和RUSLE的滇南山区土壤侵蚀时空演变——以云南省元阳县为例 [J]. 应用生态学报, 2021, 32 (2): 629-637.

[252] 胡先培,曾成,钱庆欢,等. 基于RUSLE模型的铜仁地区1987—2015年土壤侵蚀时空特征 [J]. 生态与农村环境学报, 2019, 35 (2): 158-166.

[253] 梁丽丽. 基于SPANs模型土壤保持服务和洪水调控服务供给、需求和服务流的量化评估与制图 [D]. 太原:山西师范大学, 2018.

[254] Wischmeier W H, Smith D D. Predicting rainfall-erosion losses from cropland east of the Rocky Mountains [M]. 1965.

[255] Williams J R, Arnold J G. A system of erosion-sediment yield models [J]. Soil Technology, 1997, 11 (1): 43-55.

[256] 李奇. 三峡库区生态系统服务时空变化与权衡研究 [D]. 北京:中国林业科学研究院, 2020.

[257] 谢余初. 基于InVEST模型的甘肃白龙江流域生态系统服务时空变化研究 [D]. 兰州:兰州大学, 2015.

[258] Field C B, Randerson J T, Malmström C M. Global net primary production: Combining ecology and remote sensing [J]. Remote Sensing of Environment, 1995, 51 (1): 74-88.

[259] 刘义. 基于CASA模型的淮河流域植被净第一性生产力估算研究 [D]. 合肥:合肥学院, 2020.

[260] Pei Y Y, Huang J L, Wang L H, et al. An improved phenology-based CASA model for estimating net primary production of forest in central China based on Landsat images [J]. International Journal of Remote Sensing, 2018, 39 (21): 7665-7692.

[261] 何源,李星锐,杨晓帆,等. 内蒙古锡林郭勒盟典型草原固碳量及固碳潜力估算 [J]. 草地学报, 2021, 29 (10): 2274-2285.

[262] Chen S, Li G, Zhuo Y, et al. Trade-offs and synergies of ecosystem services in the Yangtze River Delta, China: response to urbanizing

variation [J]. Urban Ecosystems, 2022, 25 (1): 313-328.

[263] Potter C S, Randerson J T, Field C B, et al. Terrestrial ecosystem production: A process model based on global satellite and surface data [J]. 1993, 7 (4): 811-841.

[264] 董丽青. 基于 SPANs 模型碳固定服务和水产出服务供给、需求和服务流的量化评估与制图 [D]. 太原: 山西师范大学, 2018.

[265] Chen T Q, Feng Z, Zhao H F, et al. Identification of ecosystem service bundles and driving factors in Beijing and its surrounding areas [J]. Science of The Total Environment, 2020, 711: 134687.

[266] Liu C, Yang M H, Hou Y T, et al. Ecosystem service multifunctionality assessment and coupling coordination analysis with land use and land cover change in China's coastal zones [J]. Science of The Total Environment, 2021, 797: 149033.

[267] Sun Z M, Li Y S, Liu Y, et al. Spatially explicit analysis of trade-offs and synergies among multiple ecosystem services in shaanxi valley basins [J]. Forests, 2020, 11: 209.

[268] 彭文甫, 周介铭, 徐新良, 等. 基于土地利用变化的四川省碳排放与碳足迹效应及时空格局 [J]. 生态学报, 2016, 36 (22): 7244-7259.

[269] Fotheringham A, Brunsdon C. Local forms of spatial analysis [J]. Geographical Analysis, 1999, 31 (4): 340-358.

[270] Jetz W, Rahbek C, Lichstein J W. Local and global approaches to spatial data analysis in ecology [J]. Global Ecology and Biogeography, 2005, 14 (1): 97-98.

[271] Fotheringham A, Brunsdon C, Charlton M. Geographically weighted regression: The analysis of spatially varying relationships [J]. John Wiley & Sons, 2002, 13.

[272] Pineda J N B, Bosque S J, Gómez D M, et al. Exploring the driving forces behind deforestation in the state of Mexico (Mexico) using geographically weighted regression [J]. Applied Geography, 2010, 30 (4): 576-591.

[273] Su S L, Li D L, Hu Y N, et al. Spatially non-stationary response of ecosystem service value changes to urbanization in Shanghai, China [J]. Ecological Indicators, 2014, 45: 332-339.

[274] Yang S Q, Zhao W W, Liu Y X, et al. Prioritizing sustainable development goals and linking them to ecosystem services: A global expert's knowledge evaluation [J]. Geography and Sustainability, 2020, 1 (4): 321-330.

[275] Fotheringham A S, Charlton M E, Brunsdon C. Geographically weighted regression: A natural evolution of the expansion method for spatial data analysis [J]. Environment and Planning A, 1998, 30 (11): 1905-1927.

[276] 龙辉. 重庆市两江新区景观格局动态变化及驱动因素分析 [D]. 重庆: 西南大学, 2020.

[277] 洪逸圆. 生态系统服务集指数构建、时空动态呈现及驱动力分析 [D]. 杭州: 浙江大学, 2020.

[278] 陈万旭. 长江中游城市群生态系统健康时空演变及其城镇化驱动机制研究 [D]. 武汉: 中国地质大学, 2019.

[279] 陈全. 喀斯特石漠化地区生态资产遥感评估及时空演变机制研究 [D]. 贵阳: 贵州师范大学, 2021.

[280] Haines Y R, Potschin Y M. The links between biodiversity, ecosystem service and human well-being [M]. London: Cambridge University Press, 2010.

[281] Maes J, Egoh B, Willemen L, et al. Mapping ecosystem services for policy support and decision making in the European Union [J]. Ecosystem Services, 2012, 1 (1): 31-39.

[282] Carpenter S R, Defries R, Dietz T, et al. Millennium ecosystem assessment: research needs [J]. Science, 2006, 314 (5797): 257-258.

[283] 韩会庆, 张娇艳, 马庚, 等. 气候变化对生态系统服务影响的研究进展 [J]. 南京林业大学学报 (自然科学版), 2018, 42 (2): 184-190.

[284] 郭宗亮, 刘亚楠, 张璐, 等. 生态系统服务研究进展与展望 [J]. 环境工程技术学报, 2022, 12 (3): 928-936.

[285] 肖寒. 区域生态系统服务功能形成机制与评价方法研究 [D]. 北京: 中国科学院生态环境研究中心, 2001.

[286] 欧阳志云, 郑华. 生态系统服务的生态学机制研究进展 [J]. 生态学报, 2009, 29 (11): 6183-6188.

[287] 白晓航, 赵文武, 尹彩春. 稳态转换视角下生态系统服务变化过程与作

用机制[J]. 生态学报, 2022, 42 (15): 6054-6065.

[288] 欧朝蓉, 孙永玉, 邓志华, 等. 森林生态系统服务权衡: 认知、方法和驱动[J]. 中国水土保持科学, 2020, 18 (4): 150-160.

[289] 朱显谟. 黄土高原水蚀的主要类型及其有关因素[J]. 水土保持通报, 1982 (3): 40-44.

[290] Bahn M, Erb K, Hasibeder R, et al. Climate extremes and land-use change: Effects on ecosystem processes and services [C]. Vienna: Egu General Assembly Conference, 2016.

[291] 吕金霞, 蒋卫国, 王文杰, 等. 近30年来京津冀地区湿地景观变化及其驱动因素[J]. 生态学报, 2018, 38 (12): 4492-4503.

[292] 童雅琴, 王佩, 李小雁, 等. 黑河流域高寒草甸生态系统水分收支及蒸散发拆分研究[J]. 生态学报, 2018, 38 (20): 7400-7411.

[293] 尹飞, 毛任钊, 傅伯杰, 等. 农田生态系统服务功能及其形成机制[J]. 应用生态学报, 2006, 17 (5): 929-934.

[294] Willemen L, Hein L, Van M M E F, et al. Space for people, plants and livestock? Quantifying interactions among multiple landscape functions in a Dutch rural region [J]. Ecological Indicators, 2010, 10 (1): 62-73.

[295] Zank B, Bagstad K J, Voigt B, et al. Modeling the effects of urban expansion on natural capital stocks and ecosystem service flows: A case study in the Puget Sound, Washington, USA [J]. Landscape and Urban Planning, 2016, 149: 31-42.

[296] Borrelli P, Robinson D A, Fleischer L R, et al. An assessment of the global impact of 21st century land use change on soil erosion [J]. Nature Communications, 2017, 8 (1): 2013.

[297] Hu X S, Hong W, Qiu R Z, et al. Geographic variations of ecosystem service intensity in Fuzhou City, China [J]. Science of The Total Environment, 2015, 512-513: 215-226.

[298] Yu D Y, Shao H B, Shi P J, et al. How does the conversion of land cover to urban use affect net primary productivity? A case study in Shenzhen city, China [J]. Agricultural and Forest Meteorology, 2009, 149 (11): 2054-2060.

[299] Su S, Rui X, Jiang Z, et al. Characterizing landscape pattern and ecosystem

service value changes for urbanization impacts at an ecoregional scale [J]. Applied Geography, 2012, 34: 295-305.

[300] Reszkowska A, Krümmelbein J, Peth S, et al. Influence of grazing on hydraulic and mechanical properties of semiarid steppe soils under different vegetation type in Inner Mongolia, China [J]. Plant and Soil, 2011, 340: 59-72.

[301] Steffens M, Kölbl A, Totsche K U, et al. Grazing effects on soil chemical and physical properties in a semiarid steppe of Inner Mongolia [J]. Geoderma, 2008, 143 (12): 63-72.

[302] Hotelling H. Relations between two sets of variates [J]. Biometrika, 1936, 28 (3/4): 321-377.

[303] Huang Y, Feng T, Niu S F, et al. Integrating the effects of driving forces on ecosystem services into ecological management: A case study from Sichuan Province, China [J]. PLOS One, 2022, 17 (6): e0270365.

[304] Su C H, Dong M, Fu B J, et al. Scale effects of sediment retention, water yield and NPP: A case study of the Chinese Loess Plateau [J]. Land Degradation & Development, 2019, 31.

[305] 张平. 环长株潭城市群生态系统服务价值时空演变及影响因素分析 [D]. 长沙：湖南师范大学, 2021.

[306] 余新晓. 森林植被减弱降雨侵蚀能量的数理分析 [J]. 水土保持学报, 1988 (2): 24-30.

[307] 雷瑞德. 华山松林冠层对降雨动能的影响 [J]. 水土保持学报, 1988 (2): 31-39.

[308] 刘向东, 吴钦孝, 赵鸿雁. 森林植被垂直截留作用与水土保持 [J]. 水土保持研究, 1994 (3): 8-13.

[309] 律可心, 王子晔, 姜群鸥, 等. 妫水河流域植被覆盖变化对土壤侵蚀控制效率的影响 [J]. 中国水土保持科学, 2021, 19 (4): 69-77.

[310] 李文华. 生态系统服务功能价值评估的理论、方法与应用 [M]. 北京：中国人民大学出版社, 2008.

[311] 潘韬, 吴绍洪, 戴尔阜, 等. 基于InVEST模型的三江源区生态系统水源供给服务时空变化 [J]. 应用生态学报, 2013, 24 (1): 183-189.

[312] 张彪, 李文华, 谢高地, 等. 森林生态系统的水源涵养功能及其计量方法 [J]. 生态学杂志, 2009, 28 (3): 529-534.

[313] 刘芳蕊. 基于水源涵养功能的嫩江源头森林植被优化配置研究 [D]. 哈尔滨：东北林业大学，2015.

[314] 邓东周，鄢武先，黄雪菊，等. 四川地震灾后重建生态修复Ⅰ：实施情况及国内外经验 [J]. 四川林业科技，2011，32（5）：56-61.

[315] Peng J, Tian L, Liu Y X, et al. Ecosystem services response to urbanization in metropolitan areas: Thresholds identification [J]. Science of the Total Environment，2017，607-608：706-714.

[316] Chen J Y, Jiang B, Bai Y, et al. Quantifying ecosystem services supply and demand shortfalls and mismatches for management optimisation [J]. Science of the Total Environment，2019，650：1426-1439.

[317] Schröter M, Barton D N, Remme Roy P, et al. Accounting for capacity and flow of ecosystem services: A conceptual model and a case study for Telemark, Norway [J]. Ecological Indicators，2014，36：539-551.

[318] 孟爱国，周青平，涂卫国，等. 四川省湿地资源状况及保护研究——基于四川省第二次湿地资源调查及湿地重点区域川西北湿地考察调研的分析 [J]. 决策咨询，2020（3）：1-7，10.

[319] Steffens M, Kölbl A, Totsche K U, et al. Grazing effects on soil chemical and physical properties in a semiarid steppe of Inner Mongolia [J]. Geoderma，2007，143（1）：63-72.

[320] Reszkowska A, Krümmelbein J, Peth S, et al. Influence of grazing on hydraulic and mechanical properties of semiarid steppe soils under different vegetation type in Inner Mongolia, China [J]. Plant and Soil，2011，340：59-72.

[321] 于倩楠. 差异化生态文明评价指标体系构建与应用研究 [D]. 成都：西南交通大学，2020.

[322] 孔令桥，张路，郑华，等. 长江流域生态系统格局演变及驱动力 [J]. 生态学报，2018，38（3）：741-749.

[323] 邹执寰. 四川省重点流域水电开发的区域经济发展综合影响分析 [D]. 成都：四川省社会科学院，2015.

[324] 罗洋涛，李建兵. 新常态下四川水电发展战略探讨 [J]. 四川水力发电，2017，36（1）：160-164.

[325] 李博. 生态学 [M]. 北京：高等教育出版社，2000.

[326] Bryan B A, Martin N, Lisa M, et al. Land-use and sustainability under intersecting global change and domestic policy scenarios: Trajectories for Australia to 2050 [J]. Global Environmental Change, 2016, 38: 130-152.

[327] 米兆荣, 陈立同, 张振华, 等. 基于年降水、生长季降水和生长季蒸散的高寒草地水分利用效率 [J]. 植物生态学报, 2015, 39 (7): 649-660.

[328] 胡俊雅. 基于欧氏距离法的四川省农业可持续发展水平研究 [D]. 绵阳: 西南科技大学, 2020.

[329] Trumbore S S, Brando P, Hartmann H. Forest health and global change [J]. Science, 2015, 349: 814-818.

[330] Su S L, Xiao R, Jiang Z L, et al. Characterizing landscape pattern and ecosystem service value changes for urbanization impacts at an ecoregional scale [J]. Applied Geography, 2012, 34: 295-305.

[331] Kirchner M, Schmidt J, Kindermann G, et al. Ecosystem services and economic development in Austrian agricultural landscapes—The impact of policy and climate change scenarios on trade-offs and synergies [J]. Ecological Economics, 2015, 109: 161-174.

[332] 郑续. 疏勒河流域生态系统服务评估及优化研究 [D]. 兰州: 兰州大学, 2021.

[333] Su C H, Fu B J, Wei Y P, et al. Ecosystem management based on ecosystem services and human activities: a case study in the Yanhe watershed [J]. Sustainability Science, 2012, 7 (1): 17-32.

[334] 李娜娜, 高飞, 魏圣钊, 等. 四川省湿地类型变化的自然-社会经济驱动力分析 [J]. 生态学报, 2020, 40 (16): 5502-5512.

[335] 王鑫, 王明田, 冯勇, 等. 2001—2020 年川西北高原归一化植被指数演变特征及其对极端气候的响应 [J]. 应用生态学报, 2022, 33 (7): 1957-1965.

[336] 王剑波, 吴柏海, 曾以禹, 等. 林业与极端天气灾害: 走基于生态系统的综合风险管理之路 [J]. 林业经济, 2012, (11): 24-29.

[337] 郑治斌, 邓艳君, 黄永平. 极端天气气候事件对江汉湖群湿地生态的影响研究 [J]. 人民长江, 2021, 52 (S2): 45-51.

[338] 王淑芬. 全球气候变暖的影响及对策研究 [J]. 中国新技术新产品, 2013, (16): 165.

[339] 傅伯杰,田汉勤,陶福禄,等.全球变化对生态系统服务的影响研究进展[J].中国基础科学 2020,22(3):25-30.

[340] 马才学,杨蓉萱,柯新利,等.城市扩张背景下生态用地格局与生态效率的多尺度关联分析[J].生态科学,2022,41(5):1-10.

[341] Kragt M,Robertson M J. Quantifying ecosystem services trade-offs from agricultural practices[J]. Ecological Economics,2014,102(C):147-157.